MES CHEMINS POUR L'ÉCOLE

www.editions-jclattes.fr

Alain Juppé

MES CHEMINS POUR L'ÉCOLE

JC Lattès

Maquette de couverture : Atelier Didier Thimonier

ISBN : 978-2-7096-5046-5

Première édition août 2015.

Sommaire

Introduction

Souvent, tout se joue à l'école.

L'école – et mes parents – ont été ma source de vie.

J'ai fait toutes mes études primaires et secondaires à Mont-de-Marsan. C'était une petite ville bien tranquille, et même un peu endormie. On n'y vendait pas de drogue à la sortie du lycée. Aux ados, on ne parlait pas du SIDA. Une fois par an, la population se lâchait à l'occasion des fêtes paroissiales de la Sainte-Madeleine. Mais nos bacchanales ne passaient jamais la mesure. Entre deux férias, la jeunesse lycéenne ne s'adonnait pas au « *binge drinking* ». Je crois n'avoir jamais entendu prononcer le mot d'insécurité. J'allais à l'école seul comme un grand, à pied, puis l'adolescence venant, à bicyclette. Le seul risque que je courais était celui d'une chute malencontreuse... risque qui se concrétisa plusieurs fois.

Bref, nous vivions, ma sœur et moi, comme la plupart des enfants de notre âge, dans un cocon, celui de la famille, celui de l'Église – j'étais un enfant de chœur assidu –, celui de l'école.

Quand je retourne dans ma ville natale, au « moun » comme on dit dans notre patois, je vais rôder autour de mon cher lycée Victor Duruy où j'ai passé près de dix années de ma jeunesse ; car le lycée englobait l'école élémentaire, le collège et ce que nous appelons aujourd'hui le lycée *stricto sensu*. On a ravalé le bâtiment, on l'a agrandi. Mais j'y retrouve vite mes marques. L'émotion, les souvenirs affluent.

*

Les copains, d'abord. Pierre, Bernard, Christian, Paul... et les autres. Souvenirs de récré dans la vaste cour qui, quotidiennement, devenait le théâtre de nos bagarres. Nous nous administrions de sérieuses peignées !

Souvenirs de débats plus policés au sein de l'Association des Jeunesses Littéraires et Musicales Montoises (fichtre !) qui publiait un petit journal dénommé *Le Grelot*. J'y tenais la rubrique « cinéma ». J'y publiais de mauvais poèmes sous le pseudonyme de Pierre Odalot, forgé à partir du prénom d'une belle Odile à qui je n'ai jamais osé déclarer ma flamme. Où donc, dans quelles archives obscures les journalistes de 2015 ont-ils été exhumer mes vers de mirliton ? J'étais heureux.

Nous nous sommes, les copains et moi, longtemps perdus de vue. Nos vies ont divergé. J'ai répondu une ou deux fois à l'invitation de l'Association des Anciens élèves. Son banquet annuel se tenait en juillet, pendant les fêtes de la Madeleine, juste avant la corrida. Il faisait chaud. Les discours étaient longs. Le menu était… landais, c'est-à-dire assez peu diététique, et le service interminable. J'ai vite renoncé.

Curieusement, trente ans plus tard, l'envie nous est venue de nous revoir. Un petit groupe de dix amis s'est reconstitué. Nous avons organisé des balades dans les Pyrénées. Nous avons fait connaissance de nos épouses. L'amitié, même distendue, a ceci d'unique qu'elle n'a pas besoin de préliminaires. D'emblée, spontanément, nous reprenions le fil de la conversation, comme si c'était hier. Nous échangions nos souvenirs qui commençaient à ressembler à des rabâchages d'anciens combattants. Nous parlions bien sûr de nos « profs ». Nous étions heureux. Nous sommes toujours heureux puisque nous continuons à partager un repas une fois l'an.

*

L'école, c'est surtout la marque que nos professeurs ont laissée sur nous.

Je me souviens. Nous leur donnions des surnoms plus ou moins affectueux.

Par exemple « *Fuerunt* », notre professeur de français-latin qui se frottait la moustache de ses phalanges repliées. Pourquoi le prétérit du verbe « être » lui collait-il à la peau ? Mystère. Ou « *Quercus* », mêmes matières en 5e mais surnom plus facile à déchiffrer, il s'appelait Chêne ou Chaisne… Sardine, le professeur d'anglais, deux années de suite, que chaque génération d'élèves mettait un point d'honneur à chahuter dès le jour de la rentrée. D'où notre détestable niveau en anglais à la fin du lycée ! Sans oublier le proviseur Raton, toujours vêtu de gris, au museau pointu de rongeur bienveillant ; le Zou, le « surgé », qui frappait nos mollets nus d'une badine indulgente quand nous nous dissipions dans les rangs. De nos jours, il serait poursuivi pour administration de châtiments corporels…

Nous les aimions bien, même le professeur de philo en terminale dont le corps désarticulé s'appuyait sur deux cannes tandis qu'il nous apostrophait de vigoureux : « Petits cons. » Nous réagissions trop lentement à ses fulgurantes illuminations.

Ils tenaient dans nos vies une place considérable : plusieurs heures par jour, 4 à 5 jours par semaine, 9 mois par an, pendant 10 ans… presque plus que nos parents. Ils comptaient.

Trois figures se détachent dans ma mémoire.

D'abord, Mme Dulong, mon institutrice de 9ᵉ, dans l'école de quartier que je fréquentais avant de rejoindre le lycée l'année suivante. Passionnée, curieuse, exigeante, elle m'a inculqué le goût du travail bien fait et le sens de la méthode. J'ai conservé les albums d'articles de presse et de photos qu'elle nous faisait découper dans *Paris Match*. Elle m'a mis sur la bonne trajectoire.

Puis, M. Lemaire, mon professeur de français-latin-grec en 1ʳᵉ A'. Quel luxe que ses cours de grec donnés à trois élèves soigneusement sélectionnés ! Sur l'une de mes dissertations dont le sujet était à peu près celui-ci : « Faut-il toujours dire la vérité ? », où j'avais défendu sans nuance la thèse de la vertu absolue, il avait simplement annoté : « Êtes-vous sûr que la vie quotidienne serait vivable si nous disions vraiment et complètement à chacun ce que nous pensons de lui ? » Ce grand catho devant l'éternel m'apprenait en somme le mensonge par omission ou, plus noblement, cet humaniste distingué, le sens de la modération.

M. Godefroid, enfin, professeur d'histoire exceptionnel, maître d'éducation civique, mais aussi cheville ouvrière du ciné-club du lycée et, hors l'école, militant actif de l'UDAF et de la cause familiale. Nous avions des discussions passionnées sur le sous-titrage des films ou, plus sérieusement, sur la peine de mort dont j'étais, dans l'intransigeance de la jeunesse, un ardent partisan. Il m'a appris à réfléchir, c'est-à-dire à prendre du recul. Ce fut aussi le premier à me parler de l'ENA.

À de rares exceptions près, je les admirais, je les respectais… Je constatais que, dans la ville, ils avaient l'estime de leurs concitoyens. Certains étaient presque des notables. Ils comptaient. Mes parents m'apprenaient à les respecter. Si je m'étais plaint de l'un d'entre eux, ma mère m'aurait rabroué : « Travaille donc plutôt que de contester ! » L'enseignant avait toujours raison. Autres temps. Autres mœurs.

Ces sentiments d'admiration, de respect, je les ai éprouvés à nouveau pour mes professeurs d'hypokhâgne, de khâgne, d'agrégation à l'École normale et à la Sorbonne. C'était la crème, bien sûr. Mais émanait d'eux une foi communicative et jubilatoire dans ce qu'ils nous enseignaient.

Je traduisais Platon à l'Institut de grec sous la férule de Jacqueline de Romilly. Quel bonheur ! Moins célèbre, M. Goube débarquait du métro le matin à Louis-le-Grand en dépliant des bouts de papier où il avait noté telle difficulté grammaticale ou tel mot rare chez Homère. À la Sorbonne, dans l'amphi Richelieu, avec plus de distance mais non moins d'admiration, je buvais les paroles de Pierre Grimal sur Cicéron ou d'Antoine Adam sur Molière.

Je veux ici dire merci à mes maîtres qui m'ont donné le meilleur d'eux-mêmes.

Je me suis insurgé récemment contre la tentation du Gouvernement de rogner les indemnités des professeurs de classe préparatoire. Il me semble en effet qu'ils méritent amplement leur statut dérogatoire. Je constate qu'ils consacrent à leurs étudiants du temps, de l'énergie, du dévouement bien au-delà des seules normes fixées par l'administration. Quand ils sont bons, et c'est le cas de la grande majorité d'entre eux, ils savent créer un lien durable entre maître et élèves.

Ils n'ont qu'un tort : on considère qu'ils appartiennent à l'élite. Le mot est lâché. Je le déclare sans prudence : le discours ambiant contre « les élites » m'est insupportable. Tout pays, toute communauté humaine a besoin d'élites. Intellectuelles, artistiques, entrepreneuriales, spirituelles, politiques… elles nous tirent tous vers le haut. Tenter de les décimer, c'est nuire à la société tout entière. Il faut bien sûr veiller à ce qu'elles soient ouvertes, qu'elles ne se recrutent pas par cooptation ou autoreproduction, que l'ascenseur social y donne accès à tous ceux qui le méritent. Mais, accueillantes, elles sont une chance pour tous.

*

J'ai aussi aimé enseigner. Pas souvent, pas longtemps mais avec joie.

Ma première expérience remonte à 1967. J'étais, pour quelques semaines, en stage d'agrégation au lycée Janson de Sailly à Paris. Le professeur titulaire me laissait la bride longue. En vrai, je devais me débrouiller… J'avais choisi – mais ce devait être le programme en vigueur – d'expliquer quelques fables de La Fontaine à une classe de 4e. J'avais devant moi une trentaine d'ados des beaux quartiers, tranquilles et respectueux, mais totalement insensibles à la beauté de la langue, à la finesse de l'ironie, à la subtilité de l'analyse psychologique dont je me délectais en décortiquant les textes d'un auteur que je considérais – et considère toujours – comme l'un de nos plus grands écrivains. À mes questions, plusieurs fois relancées, répondait un silence buté. Mes efforts pour faire partager le plaisir que j'éprouvais restaient vains. Je connaissais pourtant mon sujet. J'étais incollable sur La Fontaine, le classicisme français… Mais je ne savais pas m'y prendre. Je ne parvenais pas à intéresser mes élèves. Ce n'était évidemment pas leur faute. Mais bien celle de mon inexpérience. Je me doutais qu'il devait y avoir une méthode pour capter leur attention et les entraîner à participer. Mais personne ne m'y avait initié. Si, l'agrégation en poche, j'avais persévéré dans l'enseignement, combien de malheureux auraient-ils dû essuyer les plâtres de mon ignorance avant que le métier n'entre dans ma tête et que je ne devienne vraiment un pédagogue ? J'ai compris alors l'importance stratégique de la formation initiale de nos professeurs, sous ses deux aspects : connaissance de la discipline (en général bien assurée), mais aussi aptitude à transmettre cette connaissance, à conduire les élèves vers elle, ce que l'on appelle pédagogie.

J'ai eu, plus tard, des publics adultes, motivés par la perspective de réussir un concours : à l'ESSEC, à Sciences-Po Paris, à Sciences-Po Bordeaux, où j'enseignais l'histoire des idées politiques ou celle des relations internationales. Sur un semestre ou une année, il est naturellement plus facile de créer une véritable relation professeur-étudiants qu'au cours d'un stage de courte durée. J'ai compris comment une complicité se crée, comment des liens de confiance se tissent. Je vécus comme une reconnaissance gratifiante l'invitation que me lancèrent mes étudiants de Sciences-Po à partager leur soirée de fin de semestre sur la pelouse des Invalides, haut lieu d'agapes étudiantes. J'avais apporté quelques bouteilles de vin de Bordeaux.

Mais c'est au Québec que je me suis vraiment senti dans la peau d'un professeur.

L'École Nationale d'Administration Publique (ENAP) de l'Université du Québec m'avait confié un cours sur la mondialisation. Je traitais plus précisément du devenir des États-Nations dans un monde globalisé.

Le nouveau venu doit d'abord conquérir l'estime de ses collègues du corps enseignant. Les universitaires québécois m'attendaient au coin du bois. Ils avaient déjà accueilli des hommes politiques dont le cours consistait pour l'essentiel à parler d'eux-mêmes, de leur parcours, de leurs faits et gestes, de leur passé personnel. Très vite, ils s'aperçurent que j'avais « chiadé » mon cours. J'y avais consacré des mois de travail avant de quitter Paris pour Montréal.

Je mesurai sur place l'engagement qu'exige le service de deux séances de trois heures par semaine devant des publics de bon niveau.

À Gatineau, dans la banlieue d'Ottawa, je m'adressais à de jeunes hauts fonctionnaires fédéraux qui voulaient parfaire leurs connaissances internationales. À Québec, mes étudiants, québécois pure laine, démarraient leur cursus universitaire et il me fallait adapter mon cours à leurs attentes. À Montréal, j'avais devant moi un véritable kaléidoscope de la jeunesse du vaste monde :

Nord-Américains, Européens, Marocains, Proche-Orientaux, Asiatiques…

À mes cours s'ajoutèrent de nombreuses conférences en plusieurs endroits de la Belle Province, et jusque dans la Saskatchewan…

Ce fut pour moi une période heureuse, une expérience enrichissante dont j'ai tiré au moins deux leçons.

D'abord, préparer un cours et l'actualiser de manière régulière demande plus de travail qu'on ne croit.

Ensuite, les étudiants – sans doute aujourd'hui les élèves – sont exigeants. Quand je les voyais devant moi, l'œil rivé sur l'écran de leur ordinateur, je me demandais s'ils prenaient des notes… ou s'ils vérifiaient sur Wikipédia la véracité de mes propos ! J'y prêtais d'autant plus attention qu'ils allaient m'évaluer en fin de semestre en notant le contenu de mon cours, mes méthodes pédagogiques, ma ponctualité, ma disponibilité… ça motive !

Dix ans déjà… il m'arrive de rencontrer d'anciens élèves ou d'anciens collègues avec qui nous évoquons chaleureusement ces temps heureux.

La fidélité de leur estime me fait chaud au cœur.

*

En relisant les pages qui précèdent, je vois bien le reproche que j'encours : « Vous nous parlez d'un autre temps, d'une autre Éducation nationale. » Oui, c'est vrai.

Tout a changé, ou presque.

L'école n'est plus ce qu'elle était, ni les élèves, ni les parents, ni les maîtres.

D'abord le nombre : les trois quarts d'une classe d'âge atteignent désormais le niveau du baccalauréat. Élever le niveau du plus grand nombre a constitué une noble ambition politique. C'est à mettre au crédit de notre Éducation nationale, même si celle-ci est loin d'avoir résolu tous les problèmes posés par cette massification.

Ensuite les parents : le niveau général d'éducation et de formation s'élevant, de nombreux parents s'estiment aujourd'hui plus qualifiés que les professeurs de leurs enfants. Certains n'hésitent pas à leur expliquer comment faire classe. Dans le système éducatif comme ailleurs, la relation d'autorité n'est plus ce qu'elle était.

Les enfants, bien sûr, qui ont mille autres voies d'accès à la connaissance, que ce soit à la télévision (de moins en moins), sur leur téléphone mobile ou leur tablette. La révolution numérique n'en est qu'à ses débuts.

Enfin les professeurs eux-mêmes, qui ont perdu ou croient avoir perdu le statut social qui était le leur. J'y reviendrai.

Est-ce à dire qu'il n'y a rien à puiser dans l'expérience du passé ? Faire renaître, le temps d'une pensée, le monde d'hier nous interdit-il d'inventer le monde de demain ? Ma réponse est tout aussi nette, et c'est non. Au contraire.

Je retiens, de ce bref retour en arrière, au moins deux enseignements.

En premier lieu, le rôle crucial des enseignants, par l'empreinte qu'ils laissent sur nos enfants. L'Éducation nationale, c'est un ou une ministre, une administration, un Bulletin officiel (BOEN), une Inspection générale, des établissements scolaires… sans oublier, bien sûr, des familles. Mais l'essentiel, ce sont les hommes et les femmes qui enseignent. Nos professeurs, nos « profs » comme nous disons familièrement, d'un ton souvent affectueux. Je soutiens que la qualité de notre système éducatif est fonction de la qualité de nos professeurs. Nous ne réussirons à construire l'Éducation nationale du XXIe siècle qu'avec des professeurs épanouis, bien dans leur peau, confiants dans leur mission. Beaucoup doutent aujourd'hui. Et pourtant quel plus beau métier ? Dans une société où chacun s'interroge sur le sens à donner à sa vie, il y a au moins deux catégories de professionnels qui ne devraient pas se poser cette question : les médecins qui soignent nos corps (et parfois nos esprits) ; et les enseignants qui ont la belle tâche de conduire nos enfants de l'éveil à l'âge adulte.

Certes, ils ne sont pas seuls. Les parents ont à l'évidence une responsabilité éminente. Et les partenaires institutionnels de l'école ont un rôle à jouer : l'administration de l'Éducation nationale bien sûr, mais aussi les collectivités locales – les communes, les départements, les régions et leurs élus.

Reste que, devant les élèves, le professeur est seul en première ligne.

Notre devoir est donc de réunir les conditions pour que nos enseignants puissent exercer leur métier efficacement et sereinement, qu'ils vivent à plein le bonheur d'enseigner, d'instruire, d'éduquer.

Il semble bien que ce ne soit pas le cas. Pourquoi ? Quel est aujourd'hui l'état d'esprit des professeurs ? Quelles sont leurs attentes ? Sont-ils vraiment rétifs à tout changement ? C'est pour mieux les comprendre que j'ai voulu les écouter.

Nous avons lancé sur mon site une consultation librement ouverte. Et nous avons reçu de très nombreux témoignages. Je les ai regroupés dans le premier chapitre de ce livre, intitulé « Paroles de professeurs ».

*

Écouter les professeurs, mais aussi les parents.

Bien des choses ont changé dans les relations des familles avec les enseignants et avec l'institution scolaire.

J'ai raconté ce qu'était l'attitude de mes parents vis-à-vis de mes professeurs : respect, presque crainte, distance en tout cas entre l'ignorant et le sachant.

Tous les professeurs vous diront que les parents ont aujourd'hui un autre degré d'exigence, qu'ils prennent souvent *a priori* le parti de leur chérubin contre le système.

Ou alors que certains sont totalement absents. La famille non plus n'est plus ce qu'elle était.

Il faut rétablir le lien de confiance.

Il faut refaire des parents des partenaires responsables et constructifs de l'école. À quelles conditions ?

Nous leur avons donné la parole : c'est le deuxième chapitre de ce livre.

*

Du regard que j'ai porté sur le passé, mon passé, je tire une autre leçon : c'est en grande partie l'école qui nous fait ce que nous sommes. C'est pourquoi l'échec scolaire – l'incapacité de notre système éducatif à donner à chacun la chance de s'épanouir dans la vie – est insupportable. L'objectif de toute rénovation de l'Éducation nationale doit être de l'éliminer.

Je veux à ce stade rappeler quelques chiffres pour que chacun mesure l'importance et l'ampleur de la tâche qui nous attend. Un jeune sur cinq ne maîtrise pas ce que l'on appelle communément les fondamentaux, aujourd'hui rassemblés dans le socle commun de connaissances et de compétences. Ce chiffre a quelque chose d'effrayant. Imagine-t-on un instant le légitime scandale si une statistique durable nous apprenait qu'un malade sur cinq était mal soigné !

Et pourtant, nous nous sommes finalement habitués à ces données, qui ne sont plus que des données statistiques alors que nous parlons de jeunes femmes et de jeunes hommes. Nous les répétons à longueur de discours sans véritablement prendre la mesure des conséquences humaines, sociales et économiques du décrochage de 150 000 jeunes qui sortent chaque année sans aucun diplôme. En 2017, nous aurons « produit » 2,5 millions de citoyens peu ou pas qualifiés, dans l'incapacité ou presque de trouver un emploi, de s'insérer, de vivre tout simplement.

J'entends déjà certains dénoncer l'assistance et les assistés que nous accusons de tous les mots, en oubliant un peu vite les causes premières de leur exclusion. Aucun Républicain ne peut assumer ce fatalisme. Pas plus qu'aucun Républicain ne peut accepter que la naissance devienne un fardeau plus lourd à porter. Ces faiblesses se concentrent dans les quartiers en difficulté et s'accumulent au sein des catégories socioprofessionnelles les moins favorisées. Les enquêtes PISA montrent que la dégradation enregistrée entre 2000 et 2006 s'explique par une aggravation des résultats des élèves les plus en difficulté[1].

Je souhaite m'imposer un objectif ambitieux et demanderai à être jugé sur les résultats : que 100 % de nos enfants maîtrisent effectivement le socle commun à la fin du collège.

Je fais du combat pour la maîtrise de la langue française LA priorité numéro un de mon action future.

*

L'école joue aussi un rôle déterminant dans la construction d'une société harmonieuse, de ce que j'ai appelé notre « identité heureuse », le bonheur de vivre ensemble.

C'est dire que sa responsabilité est lourde à porter et que sa réforme est la mère des réformes. C'est aussi la raison pour laquelle je souhaite commencer par elle.

Commençons par mettre en ordre les grandes missions de l'Éducation nationale – je suis attaché à ce titre.

1. Voir annexe 2 ci-après.

D'abord, aider à construire des têtes bien faites. C'est, à mes yeux, la mission prioritaire dont tout le reste découle. Former le jugement, l'esprit critique, apprendre à penser librement, en exerçant sa raison plutôt que son « ubris » – l'excès ou la démesure. Qui ne voit que cette fonction de l'enseignement est plus essentielle que jamais ? Nos enfants, nos ados sont submergés par un flux d'informations continu, plus ou moins importantes, plus ou moins fiables, qu'il faut passer au crible de l'esprit critique.

Ils vivent et vivront de plus en plus sous la pression de l'instant – action/réaction rapide ou information/réponse immédiate –, bref le contraire de la réflexion. Pourtant, nous constatons tous que souvent « la nuit porte conseil » comme le dit la sagesse populaire. Moi-même, je m'astreins le plus souvent possible à ne pas réagir sous le coup de l'émotion et je constate que ma réponse du lendemain est bien plus juste que celle de la veille. Il faut armer nos enfants intellectuellement, en raison, leur inculquer la capacité de résister à l'immédiateté, à la frénésie, au fanatisme – le grand danger toujours présent dans notre siècle.

Le jugement sain, le jugement droit est la condition de la vraie liberté individuelle.

Tête bien faite, tête bien pleine… L'école est aussi celle du savoir, des savoirs, de la transmission des connaissances. En commençant par le commencement : la langue, notre belle langue française qui, je le constate avec tristesse, est de plus en plus malmenée, estropiée, défigurée par l'usage abusif de termes anglais qui viennent prendre la place d'excellentes expressions françaises, sans autre raison que la paresse ou le snobisme. Je conteste avec vigueur que la France soit un pays en déclin. Mais s'il m'arrivait d'en douter, ce serait au spectacle de l'abâtardissement de notre langue.

Il faut connaître, transmettre, apprendre le français dans sa richesse, sa subtilité, sa complexité certes… et surtout l'aimer. Apprendre des règles de grammaire (« Bijou, caillou, chou, genou… ») ou des fables de La Fontaine, et savoir les réciter par cœur tout au long de la vie n'a rien de ringard !

Lire, écrire, compter… et j'ajouterai « s'exprimer ». Je parle ici des fondamentaux à acquérir à l'école primaire. Il n'est plus tolérable qu'à l'entrée en 6e tant de nos enfants soient illettrés.

Lire, écrire, compter, mais aussi raisonner : la maîtrise des maths, ou du moins de ses notions fondamentales, sera aussi plus que jamais vitale dans le monde numérique où nous allons évoluer.

J'ajouterai également l'histoire, élément essentiel de toute culture. J'aime bien cette phrase prêtée à Aimé Césaire : « Pour savoir où tu vas, souviens-toi d'où tu es venu. » Méconnaître les grands repères historiques – et parmi ces repères, évidemment la chronologie –, c'est tenter de se déplacer à l'aveugle dans le labyrinthe du temps présent. Lire, écrire, compter, raisonner…

On demande aussi à l'école d'enseigner mille autres choses : les langues étrangères, certes, mais aussi les disciplines de la sensibilité, les comportements « durables », le fonctionnement des institutions… quand ce n'est pas le code de la route ou l'initiation à la sexualité. Certes. Mais d'abord le socle. Pour le reste, une marge de liberté et d'expérimentation doit être laissée à la communauté éducative dans les établissements scolaires.

Troisième mission fondamentale : la transmission des valeurs, qui n'est pas tout à fait la même chose que celle des savoirs. Le respect de nos différences s'impose à l'école comme partout ailleurs dans notre société. Mais s'il y a bien un lieu où elles doivent converger dans la recherche du « bien commun », c'est l'école. « Unis dans la diversité » selon la belle devise de l'Union européenne. Et le bien commun que doit enseigner l'école porte le nom simple et beau de République. Sa devise, ses principes, les droits et les devoirs dont elle est porteuse, au premier rang desquels la dignité de la personne humaine et l'égalité entre les femmes et les hommes.

Je répète que, pour moi, l'Éducation est nationale, c'est-à-dire qu'elle doit transmettre et inculquer à nos enfants le sentiment national que symbolisent l'hymne et le drapeau. Ces valeurs ne se résument pas à une inscription au fronton de nos bâtiments publics. Elles doivent pénétrer les esprits et les cœurs, tous les esprits et tous les cœurs.

Quatrième mission, enfin, qui devient prioritaire au fur et à mesure qu'avance le parcours scolaire : la préparation de nos jeunes à leur entrée dans la vie professionnelle. Le moment venu, l'école doit se donner les moyens d'orienter nos adolescents dans leurs choix professionnels et leur proposer des filières de formation qui conduisent au métier qui les épanouira.

Contrairement à ce qui est souvent dit, le système éducatif français est loin d'être inefficace en matière d'insertion professionnelle. Nos diplômés ou qualifiés trouvent très majoritairement un emploi à la sortie de leurs études, mais nous butons encore et toujours sur ces « décrocheurs » qui finissent par rejoindre le rang des sans-emplois. Un jeune sur deux sans diplôme est au chômage. Ce mal initial ronge leur scolarité puis leur entrée dans la vie professionnelle, puis leur vie tout court. Le chômage des Français est à 80 % celui des non-qualifiés et compter sur la seule croissance pour le résorber est illusoire. Lorsqu'on compare le taux de chômage des jeunes Français à celui des jeunes Allemands, on se contente souvent d'observer que le premier est deux fois plus important que le second. C'est juste. Mais si on approfondit l'analyse, on constate que plus la qualification augmente, plus cette différence s'estompe. Le chômage des jeunes Français est avant tout un chômage des jeunes non ou faiblement qualifiés.

J'évoquais plus haut un impératif républicain, la maîtrise du langage, et je m'assignais comme mission première celle du socle commun pour 100 % d'une génération. Je souhaite ajouter à ce stade une seconde ambition politique majeure, qui guidera mon action : un diplôme ou une qualification susceptible de déboucher sur un emploi pour 100 % d'une génération.

Je mesure pleinement que ces deux objectifs peuvent apparaître comme des slogans sans lendemain, pour ne pas dire sans consistance, tout comme je sais que « 100 % de » est une performance que le meilleur système éducatif ne peut atteindre. Mais je souhaite avec ces formules désigner des objectifs clairs, simples, lisibles, redonner une ambition à nos politiques publiques éducatives. Je veux également limiter le nombre de ces objectifs et concentrer nos moyens pour les atteindre. Des propositions puissantes, dont je sais qu'elles peuvent déranger, bousculer nos habitudes. Mais c'est aussi le rôle de cet ouvrage.

*

Je n'exagère donc pas quand j'affirme que la réforme de l'Éducation nationale est la mère des réformes. On en mesure les enjeux.

Un tel projet ne saurait s'inscrire dans un simple texte de loi, sorti de la cervelle de quelques spécialistes. Ce doit être une ambition collective, un travail d'adaptation à développer sur la durée, en profondeur, dans un dialogue régulier avec tous les partenaires concernés.

À cette fin, j'ai consulté les principales fédérations de parents et organisations syndicales représentant les enseignants et les personnels de direction.

De même, j'ai souhaité m'entourer des avis des experts, les plus divers, qui connaissent bien ces sujets, y ont longtemps réfléchi, et en parlent souvent avec passion. J'ai choisi ici de donner la parole à trois d'entre eux, chacun emblématique dans son domaine. On aurait pu naturellement penser à bien d'autres – auxquels je suis attentif. Il fallait néanmoins faire un choix. Il était difficile. Disons que, outre la grande qualité de leurs travaux, que j'apprécie, c'est aussi le cœur qui a parlé. C'est le troisième chapitre de ce livre.

Je ne crois guère à un « grand soir » de l'éducation, à un programme électoral qui propose une refonte totale du système, qui risquerait de casser ce qui marche sans remédier à tous ses défauts. Je préfère, dans un premier temps, identifier les trois ou quatre leviers d'action qui me paraissent les plus efficaces pour changer véritablement les résultats de notre système éducatif. Autrement dit, je ne prétends pas aborder la totalité des questions qui peuvent se poser. De même, j'ai choisi de circonscrire mon projet à l'enseignement scolaire sans évoquer le supérieur et la recherche, qui sont des enjeux essentiels, mais que j'évoquerai à un autre moment.

Je trace donc dans la quatrième partie de ce livre les grands axes de réflexion que j'aimerais partager avec les Français et traduire, quand le temps viendra, en actions concrètes.

Je vous invite à en débattre.

1.

Paroles de professeurs

« Je crois avoir eu beaucoup de chance. J'ai choisi ce métier par vocation. Mais j'ai regretté les mille et un abandons de la société, des gouvernants, des enseignants, des parents. Je ne tiens pas de discours aigri ou passéiste. Je crois que tout est désenchantement. »

Les témoignages des enseignants, dans le cadre de la consultation que j'ai lancée au début de cette année, sont venus jeter une vive lumière sur ce que je pressentais[1]. Ils y expriment le sentiment de ne plus être reconnus dans l'exercice d'un métier exigeant, la conscience de l'extrême difficulté de leur tâche, leur profond désarroi en raison des critiques

1. Voir en annexe 6 le texte de l'adresse aux enseignants mise sur mon blog début février.

qui leur sont adressées, leur découragement face à la succession des réformes depuis vingt ans.

J'ai été saisi à la lecture des quatre cents contributions, réunies en deux mois d'échanges, face aux vérités avancées par les professeurs : leur fierté mais aussi les souffrances éprouvées ; les insuffisances de leur formation, les lourdeurs du système ; l'ampleur des défis à relever du fait de l'hétérogénéité des élèves ; leurs difficultés face à la hiérarchie comme, de plus en plus, face aux élèves et à leurs parents.

Je ne méconnais pas les limites de cette consultation organisée dans un temps très court – elle n'est ni une enquête ni un sondage – mais elle constitue un miroir de l'état de notre école. D'abord, par la diversité des contributions, qui viennent d'enseignants mais aussi des personnels de direction et d'encadrement de toute la France, de tous les cycles et de tous les établissements – lycée général, technologique ou professionnel[1]. Ensuite, par la grande qualité des réponses : ce sont des réflexions, souvent denses et argumentées, toujours précises et évocatrices.

Paradoxalement, le regard posé sur l'état de l'école, s'il est critique et parfois même très dur tant il révèle de souffrances, porte l'espoir d'un

1. En revanche, elles ne permettent pas de connaître le lieu de l'établissement. L'anonymat est le plus fréquent. Mais il y a enfin lieu de penser que les réponses viennent majoritairement d'enseignants du public.

changement en profondeur de l'Éducation nationale. Non point d'une énième réforme mais d'une profonde adaptation exigeant le concours de tous, et au premier chef des enseignants. Une réforme qui réponde aux exigences de notre temps pour faire réussir le plus grand nombre : acquisition des fondamentaux – lire, écrire, compter, s'exprimer, raisonner –, sans lesquels rien de sérieux ne peut se construire au cours de la scolarité, accompagnement personnalisé, soutien et orientation, travail en équipes.

L'adresse aux enseignants invitait chacun à rendre compte de son expérience : les premières années d'exercice, les satisfactions et les défis rencontrés, les sujets à traiter en priorité, les éléments de réformes passées à préserver. C'est à cet exercice exigeant que de nombreux enseignants se sont livrés. Ce temps donné pour parler de soi est un signe de vitalité démocratique. Il révèle une forte convergence de vues sur l'état de l'école et les adaptations souhaitables. À de rares exceptions près, qui peuvent faire écho à des engagements syndicaux ou partisans, les témoignages sont exclusivement centrés sur les sujets évoqués. D'ailleurs, les contributeurs, s'ils s'expriment à titre personnel, disent très souvent « nous », comme s'ils avaient la conviction que leur témoignage va au-delà d'eux-mêmes et touche tout un monde en quelque sorte « désenchanté ».

Si un enseignant me félicite tout en trouvant la démarche « un peu racoleuse » (puisse-t-il se convaincre après m'avoir lu qu'elle tenait d'une quête de comprendre et d'agir !), je livre pour commencer deux réponses qui résument bien, la première le scepticisme – que je comprends – et la seconde l'attente – que je ne veux pas décevoir – à l'égard de ma démarche :

> « Je ne sais pas pourquoi j'écris ce matin. Quelle légitimité pour les trois derniers ministres de l'Éducation nationale ? Qu'ont-ils apporté ? »
> « Sans les enseignants rien ne sera possible. Merci pour cette affirmation car mes collègues et moi avons souvent l'impression d'être mis de côté et de subir des réformes qui ont été décidées par d'autres. Il me semble important de redonner aux enseignants une place centrale afin qu'ils puissent être respectés et reconnus (...) »

La seconde réponse – venue d'une professeure d'histoire-géographie et d'éducation civique d'un collège – montre l'ampleur de la tâche qui est devant nous :

> « (...) La question du niveau de la rémunération que vous évoquez semble être une piste mais cela ne suffira pas. C'est le discours ambiant qu'il faut modifier : ras-le-bol d'entendre que je suis une fainéante qui ne travaille que 18 heures par semaine, est toujours en vacances, est

responsable du harcèlement à l'école… J'aime mon métier et je suis fière d'être enseignante car je suis convaincue de la tâche qui m'est confiée, à savoir préparer nos jeunes à leur avenir. Cependant, j'aimerais ne plus avoir une petite boule au ventre quand on me demande ma profession car je ne sais pas à quelle sauce je vais être mangée : l'admiration ou le mépris. »

Une autre réponse venant d'un instituteur ou d'une institutrice[1] donne par ailleurs une orientation majeure, particulièrement éclairante :

« Il est fondamental de prendre en compte les idées des enseignants et de leur faire confiance. Il faut réellement mettre en place une concertation (du type de celle-ci) entre les décideurs et le terrain. *Trop de réformes viennent d'en haut, ficelées et inadaptées aux besoins des enseignants et des élèves parce que trop théoriques. Il faut libérer les initiatives et laisser aux établissements la possibilité d'adapter les dispositifs*[2]. »

1. Que les institutrices ou instituteurs me pardonnent. Je n'ignore pas qu'ils sont « professeurs des écoles » mais j'ai beaucoup de mal à abandonner le beau mot d'instituteur qui a marqué mon enfance. Je n'oublie pas que le métier d'enseigner, ce n'est pas seulement transmettre à l'enfant un savoir que l'on a soi-même reçu, c'est aussi l'*instituer*, selon la belle expression de Montaigne, dans son futur statut d'être de savoir, de culture et de dignité. C'est pourquoi j'utiliserai souvent cette dénomination tout au long de ce récit.

2. C'est moi qui souligne.

Laissons donc la parole aux enseignants. Écoutons ce qu'ils nous disent d'eux-mêmes, de leur formation, de leurs relations avec les élèves et leurs parents, des défis éducatifs auxquels ils sont confrontés, de l'organisation de l'école, des questions clés qui se posent et des améliorations possibles.

I. Que disent les enseignants d'eux-mêmes ?

« Les yeux brillants de mes élèves »

Instituteurs, professeurs de collège et de lycées généraux, technologiques ou professionnels, tous le disent : le « moteur », ce sont les élèves, ce sont eux qui « donnent envie d'y aller tous les matins » ». Quand les élèves viennent avec le sourire en classe, qu'ils disent que ma matière est leur préférée, alors, dit un autre, « j'ai accompli ma mission ». « Les voir s'éveiller, apprendre à lire et à écrire, s'intéresser à tout, chercher à bien faire, c'est encore et toujours une grande joie pour moi » relève une institutrice de maternelle. « Le bonheur d'éveiller la curiosité intellectuelle des élèves et leur faire découvrir que, dans les livres (j'enseigne le français), ce sont eux que l'on retrouve. J'aime passionnément ma matière » confesse ce professeur de collège.

L'amour du métier est en effet un autre moteur. « Un métier que j'adore » clame un professeur de sciences économiques et sociales en lycée général. Transmettre des savoirs, réussir à faire reprendre goût à apprendre aux élèves, les faire réfléchir, les amener à se questionner, les faire progresser malgré la lourdeur des effectifs, « le fait de pouvoir les prendre là où ils sont en début d'année et les emmener un peu plus loin », voilà ce qui revient aussi très souvent dans la bouche des enseignants. Un métier passionnant car « *nous* pouvons en permanence évoluer et *nous* renouveler ». Un métier où il faut s'adapter tout le temps et « où il n'y a pas de routine ».

Ma satisfaction, écrit encore un enseignant de collège, ce sont « les yeux brillants de mes élèves quand j'arrive à les passionner pour un sujet ». Ou leurs progrès, « même petits », y compris de ceux qui sont le plus en difficulté. « Se sentir utile, pousser les élèves à réfléchir, les faire progresser, élargir leur culture », observe un autre, c'est ma seule satisfaction. Même avis pour cette institutrice : « Les satisfactions viennent des élèves et uniquement d'eux. Les voir s'éveiller, apprendre à lire et à écrire, s'intéresser à tout, chercher à bien faire, c'est encore et toujours une grande joie pour moi. »

Un professeur de lycée souligne de son côté que « la satisfaction vient à la fois du travail intellectuel qu'on mobilise pour enseigner et de l'idée qu'on peut conduire les élèves à la réussite en faisant évoluer sa manière d'enseigner ». Un autre insiste : « la satisfaction tient à la possibilité de sortir les élèves d'un destin social médiocre ». Les sortir de leurs « ghettos », confirme ce professeur d'un lycée professionnel en zone d'éducation prioritaire (ZEP). « C'est le métier de mes rêves mais que c'est difficile ! Si l'élève ne progresse pas, et pas à son rythme, la difficulté et la violence sont au programme », note un instituteur. « Il faut aimer beaucoup son métier pour poursuivre », reconnaît un autre enseignant en lycée professionnel.

Enfin, je retiens ce cri du cœur d'une institutrice de maternelle : « La satisfaction que je retire de mon métier, c'est sans doute la seule chose qui n'est pas évaluée : le plaisir d'enseigner et de voir progresser les enfants. Côté défis, par où commencer ? »

Épuisement, solitude, désenchantement : « tenir »

Mais ces défis suscitent de multiples témoignages, toujours documentés, parfois lourds de souffrances.

> « Tenir. Psychologiquement, moralement, physiquement. Tenir pour les élèves qui ont besoin de nous. Ne pas mourir intellectuellement malgré la fatigue engendrée par les journées de classe. Savoir que l'on a mis à l'abri de

sa famille un enfant maltraité (mais c'est tellement rare, combien sont brisés sous nos yeux !). »

Tous soulignent le sentiment de solitude et d'abandon. « Tout le monde nous met des bâtons dans les roues. » Un professeur des écoles qui enseigne dans un village rural écrit : « Nous baissons les bras et pourtant j'adore mon métier. Nos conditions de travail se détériorent. Nos syndicats sont déconnectés de notre réalité, militent pour des causes dont nous n'avons rien à faire. Ainsi nous n'avions rien contre une reprise au mois d'août ! » Il faut alors réussir à éviter le *burn-out*. Un métier « que nous aimons mais qui nous épuise moralement : hiérarchie "matraquante" et qui ne se mouille jamais, parents irrespectueux, enfants surpuissants, pas de sanction véritable pour les durs à cuire en tout cas, difficultés scolaires globalement croissantes », relève un autre instituteur, tout en concluant : « Mais on y croit toujours ! »

« Mes collègues sont pour la plupart désabusés voire épuisés », reconnaît un enseignant déplorant l'écart entre les attentes des programmes et le niveau de départ des élèves qui, de plus en plus, ne lisent pas correctement à leur arrivée en 6e. Les défis sont les mêmes pour une institutrice de maternelle : faire fi des origines sociales des élèves et les mener tous le plus loin possible. Le reste, ajoute-t-elle, ce ne sont pas des défis mais « des révoltes, des rejets, des réprobations muettes ou bruyantes ».

Isolement et découragement reviennent sans cesse. « Nombre d'entre nous sont bien fatigués alors que tout repose sur nous », constate un enseignant de collège, pour conclure : « il y a du découragement dans l'air, il faut un nouvel élan pour tout le monde ». De fait, si l'on en croit cet inspecteur, le plus grand défi est de faire fonctionner un système dont les agents sont « mal recrutés, mal formés, mal inspectés et mal payés » ! Plus grave encore, pour un enseignant, c'est le *manque de sens* qui ressort de nos multiples actions désorganisées et parfois obsolètes, ne serait-ce, précise-t-il, que dans les structures mêmes d'un collège.

Toutefois, deux témoignages sont plus optimistes. Le premier, d'une enseignante d'un collège, relève les innovations heureuses du programme Éclair[1] : « ma satisfaction : la responsabilisation de ma pratique enseignante par l'exercice de la fonction de préfet des études, la chance d'enseigner dans de bonnes conditions matérielles (locaux, faibles effectifs...), la possibilité d'innover dans de multiples

1. Le programme Éclair est un programme national, expérimenté dans 105 établissements en 2010 et généralisé en 2011. Ayant pour objectif l'amélioration des acquis et des certifications scolaires, il a tendu à accroître l'autonomie des établissements, à les encourager à innover et expérimenter, tout en mobilisant les équipes par le biais de recrutements sur profil et de lettres de mission.

champs (pédagogie, organisation du temps et de l'espace) ». Le second, d'une institutrice travaillant dans une école REP+[1] dans le XVIIIe arrondissement de Paris : « Je suis très impliquée et passionnée par la mise en place d'une pédagogie différente sur toute l'école depuis six ans. »

Il faut être juste dans le jugement porté sur notre école : des initiatives ont été prises dans le passé qui méritent qu'on s'y intéresse parce qu'elles ouvrent des pistes pour l'avenir.

« On est pris pour de la merde par la population entière ! »

C'est terrible de lire un tel aveu. Pourtant, beaucoup de parents reconnaissent le rôle crucial et de plus en plus difficile des professeurs. Mais ce cri du cœur de l'un d'entre eux résume le sentiment de déclassement et de non-reconnaissance qui se lit dans l'ensemble des contributions et qu'exprimait avec plus d'élégance la professeure d'histoire déjà citée, évoquant sa peur de répondre à cette question pourtant banale : « Que faites-vous ? » Une professeure de lycée général et technologique avoue qu'elle aimerait qu'on puisse choisir la voie de l'enseignement « fièrement » et non par défaut. « Autrefois, précise-t-elle, on pouvait s'engager dans

1. Réseaux d'éducation prioritaire plus.

une carrière sans déchoir comme on "fait" droit ou médecine ; aujourd'hui, à moins de viser le Collège de France !... »

Le manque de reconnaissance, l'absence de progression rapide, le fait de se sentir impuissants, tiraillés entre les exigences et les possibilités réelles, sont vécus comme des souffrances énormes, source chez une enseignante « d'un *burn-out* qui n'en finit plus ». Et pourtant, ajoute-t-elle, « je suis encore là, preuve que je suis motivée. Mais il faut cesser de démolir ce métier ». « Le jour où les professeurs seront à nouveau respectés, tout ira mieux », affirme un professeur de lycée professionnel. Travailler en compagnie des enfants est une grande richesse mais « la énième réforme des programmes, des cycles, des rythmes, avec une baisse constante des rémunérations, une rémunération au lance-pierre, le défaut de reconnaissance, l'incivilité de certains parents découragent », résume cet instituteur.

Pour beaucoup, le niveau des rémunérations est jugé « inacceptable pour une profession d'expertise exigeant de longues études ». « J'ai un salaire dérisoire par rapport à mes années d'études, mes responsabilités et l'immensité de la tâche à accomplir », relève une professeure de lycée, ajoutant qu'elle vivrait mieux les difficultés du métier aujourd'hui si elle était mieux payée. « Exiger un bac+5 payé comme un bac+3 n'est pas attirant pour le métier », souligne un professeur d'histoire-géographie d'un lycée professionnel de l'enseignement privé.

On sait les difficultés apparues depuis peu dans les recrutements et qu'il est parfois impossible de pourvoir tous les postes ouverts aux concours. Plusieurs réponses indiquent qu'une revalorisation des salaires est un investissement nécessaire, « faute de quoi on aura de plus en plus de déficit d'enseignants et le niveau de recrutement des concours continuera de s'effondrer ». Face à cette situation jugée injuste[1], les réactions divergent : un enseignant affirme qu'elle lui « donne envie de fuir » tandis qu'un autre « ne serait pas contre faire 2 heures de plus par semaine avec des obligations de service portées à 20 heures de cours contre une revalorisation d'au moins 400 euros net par mois ».

Mais la consultation rend surtout un jugement unanime sur la formation initiale des enseignants. Je connaissais les critiques dont elle faisait l'objet mais je n'imaginais pas recueillir sur ce sujet un cri d'alarme aussi retentissant, qui me conduit à en faire une priorité. Cri d'ailleurs amplifié par ce que disent de leur sort les jeunes enseignants.

1. Un instituteur fait d'ailleurs observer qu'il s'agirait simplement pour les enseignants du primaire d'aligner leurs salaires au moins sur la moyenne de ceux de leurs homologues des pays de l'OCDE.

II. La formation des enseignants

« Je n'ai pas été formé ! »

Ce constat est général pour tous les enseignants, même si certains reconnaissent à Vincent Peillon le mérite d'avoir redonné de la lisibilité à cette question avec la création des Écoles supérieures du professorat et de l'éducation (ESPE) et le rétablissement des stages : « Être enseignant est un métier qui s'apprend. [...] De nombreux cours des ex IUFM étaient pour le moins fumeux mais supprimer toute réelle formation a été une catastrophe. » Le jugement est parfois sans appel : « Je voudrais attirer l'attention sur la grande pauvreté de la formation des enseignants surtout par rapport à tout ce que l'on sait aujourd'hui sur les processus d'apprentissage, l'économie de l'attention », clame une institutrice de maternelle. Un professeur de lycée formé il y a peu déplore une « formation infantilisante et un contenu absolument inepte ». « Je n'avais aucune formation : ni sur la façon de bâtir un cours, ni sur la gestion de classe », souligne un autre enseignant. Une professeure de lycée ajoute même : « J'aurais préféré débuter sans aucune formation plutôt que subir ces inepties. »

Beaucoup déplorent que les formateurs soient complètement déconnectés du terrain et n'aient pas de « classe en responsabilité ». Une institutrice estime que l'IUFM – nouvellement dénommé ESPE – offre une formation trop théorique « avec des formateurs universitaires ultra diplômés qui n'ont pas assez pratiqué le métier de professeur des écoles voire n'ont jamais mis un pied dans une classe ». Elle constate, en sa qualité de maître d'accueil, que la plupart des stagiaires affirment tout apprendre ou presque dans les stages d'observation ou de pratique et en conclut qu'il faudrait renforcer le tutorat entre professeurs confirmés et professeurs débutants, maîtres et apprentis enseignants. « J'ai manqué de conseils de vrais enseignants », souligne un professeur de lycée tandis qu'un enseignant, longtemps dans le primaire, avoue « avoir rêvé alors d'une formation sur le terrain avec un collègue aguerri comme au temps de l'École normale ».

« J'ai manqué de pratiques professionnelles »

Beaucoup regrettent un manque d'outils. Sans cesse revient le même constat : les professeurs souffrent de ne pouvoir partager leurs pratiques professionnelles. « Les cours dispensés à l'IUFM n'avaient aucun intérêt pédagogique (...) je n'ai jamais reçu les outils psychologiques, juridiques, philosophiques et méthodologiques », rappelle un enseignant de collège. « J'ai manqué de pratiques professionnelles mais j'ai été abreuvé de didactique alors que c'est l'analyse de séquences et le retour sur nos pratiques qui sont nécessaires. Stop à l'idée que les "recettes" ne doivent pas être données aux futurs enseignants ! » confirme une directrice d'école maternelle.

D'autres mettent en avant le manque d'accompagnement et de partage. Une jeune enseignante décrit « un combat » de tous les jours, une grande solitude face à la violence (« aucun soutien, aucun ») et face à l'absence de pédagogie (« obligée de deviner ce qui marche »). C'est, hélas, une situation qui n'est pas nouvelle. « 1984 : pas de formation : "tiens, voilà les clefs, la machine à ronéo et le magnéto" réactualisé chaque année depuis mes vingt ans comme titulaire en zone de remplacement (TZR, titulaire sans poste) ; "tiens voilà les clefs, la photocopieuse et l'ordi" : quand même, on a évolué ! » note avec humour cet enseignant. Une autre observe : « J'ai manqué d'aides face au comportement des élèves et parfois des parents. C'est déstabilisant. Comment faire ? Difficile au début d'appréhender sa nouvelle place d'enseignant, porteur d'autorité. Quelle est notre légitimité ? » Un instituteur insiste : « il ne faut pas hésiter à nous apporter des solutions concrètes, à nous proposer des modèles, des séquences types à mettre en place ».

« Heureusement que la débrouille entre collègues existe ! » observe un professeur de lycée professionnel, où, à l'en croire, il y a un meilleur accompagnement et une entraide entre collègues. Quand une équipe pédagogique est soudée, quand les pratiques professionnelles peuvent être partagées, tout s'éclaire : « J'ai eu la chance d'être entouré de collègues remarquables qui m'ont aidée à trouver ma place », constate une enseignante de collège.

Beaucoup évoquent aussi des pistes de réforme : « l'apport de savoirs non *didactisés* (éléments de linguistique, de sociologie, d'anthropologie) » ; une connaissance des approches pédagogiques permettant de diversifier son enseignement ; l'ouverture à des pédagogies variées par des « retours d'expériences documentés » ; la priorité donnée au soutien, aux conseils, aux visites dans les classes de professeurs expérimentés auprès des jeunes collègues. Un enseignant qui fait du « *coaching* scolaire » livre cette réflexion de bon sens : « Enseigner nécessite un savoir mais aussi un savoir-faire auprès des enfants. Quand il manque le second, le premier n'est pas suffisant pour bien enseigner. On rêve d'enseignants comme dans le film *Les héritiers* ! » Pour conclure : « Devenir enseignant nécessite d'aimer non seulement la matière enseignée mais aussi les élèves ; or, le premier point est évalué au concours, jamais le second, ce qui peut être préjudiciable. Qui ne connaît pas des professeurs qui ont cassé des élèves par manque de savoir-faire ? »

Je laisse le dernier mot à cette institutrice de maternelle qui résume parfaitement l'enjeu de la formation : « Sans formation initiale, il ne peut y avoir de bons enseignants. C'est un métier qui ne s'improvise pas et demande des formations régulières pour répondre aux besoins de la société qui évoluent sans cesse. » C'est désormais une priorité pour moi.

« Largage dans le 93 et débrouillez-vous… Merci les collègues ! »

On ne saurait mieux résumer le sentiment des jeunes professeurs – ici une professeure de langues dans un lycée de Seine-Saint-Denis. Nos compatriotes doivent en être conscients : le sort réservé aux jeunes enseignants est souvent difficile. « J'ai été envoyée à 700 kilomètres de ma ville d'origine, dans une région et une ville où je ne connaissais personne, tout ça pour être stagiaire en lettres classiques sans heures de latin ou de grec dans mon service », raconte une enseignante de collège. Un autre, qui reconnaît avoir eu la chance d'être affecté « sur un poste précaire » mais dans un petit établissement « sans problème bien lourd », observe : « Changer d'académie, connaître une semaine avant la rentrée l'établissement d'affectation, trouver à se loger, déménager, faire face aux frais divers pendant que le transfert de dossier d'une académie à l'autre traîne : j'ai été interdit bancaire cette année-là. » Même son de cloche chez un professeur remplaçant : « TZR affectée par petites périodes sur des remplacements, on ne peut rien prévoir, que ce soit en termes de garde d'enfant, de préparation de cours… On doit travailler dans l'urgence. »

Ce sont aussi les conditions d'enseignement qui sont critiquées : « Les trois premières années furent des années d'épouvante : 95 % de disciplinaire ; l'enseignant est seul dans sa classe ; les élèves sapent impunément la progression des cours », dit un enseignant en Seine-Saint-Denis. « Après une année de stage en lycée calme et une formation dont les trois quarts n'avaient aucun intérêt, je me suis retrouvé en collège ZEP (eh, oui, j'étais le plus jeune de ma promo donc j'ai obtenu le poste le plus pourri !) », clame un autre. Un troisième résume ainsi la situation : « On arrive dans un établissement qu'on n'a pas choisi et sous un chef qui ne vous a pas choisi et qui n'est même pas vraiment votre chef. (…) Comment voulez-vous attirer un étudiant brillant vers le métier avec un salaire de misère, une formation bidon, la perspective d'être parachuté à 500 km de chez lui dans une zone dont tout le monde cherche à s'en aller et où personne ne l'attend ? » Saisissante photographie de la situation.

Et cet autre enseignant de conclure : il faudra bien tôt ou tard « se donner les moyens pour que des professeurs expérimentés aillent enseigner dans les zones difficiles et aient envie d'y rester ! ».

III. L'école, miroir de la société

« La société ne nous aide pas »

Les témoignages font part aussi de profondes préoccupations face à l'état de la société et aux bouleversements que connaît l'enseignement. « Nous sommes en concurrence avec Internet, *Facebook* », dit l'un. Le plus grand défi est « d'avoir à composer avec une génération *zapping* née avec un portable à la main », observe un autre, tandis qu'un professeur de lycée estime que le métier est plus difficile, « non pas forcément au niveau de la discipline (du moins au lycée) mais dans le travail quotidien avec des élèves spectateurs, zappeurs, qui ne font pour la plupart aucun effort ». Un enseignant pose brutalement la question : « comment lutter contre la déstructuration qui s'impose massivement à la télévision » ? Un professeur de collège résume ainsi la situation :

« La société ne nous aide pas : concurrence avec les consoles de jeux, la TV, Internet, le téléphone dont les enfants disposent de plus en plus jeunes, souvent dans leur propre chambre, ce qui rend quasiment impossible le contrôle des parents et fait que nos élèves se couchent très tard et arrivent déjà fatigués au collège le lendemain matin sans avoir fait leurs leçons ou en les ayant bâclées (...) Il me semble nécessaire de réformer l'école mais cela sera vain si nous ne menons pas collectivement une réflexion d'ensemble sur la société dans laquelle nous vivons. »

Je me méfie beaucoup de la tentation fréquente de dénoncer le monde ambiant. Léon Tolstoï, que la pédagogie passionnait et qui avait fait le tour des pays d'Europe après avoir créé une école près de Toula, aimait dire que « nous n'avons qu'un seul monde, le nôtre ». À mes yeux, il faut que l'école, tout en restant un lieu spécifique, sache tenir compte des évolutions du monde ; le plus grand service qu'elle puisse rendre est de donner aux élèves ce qui est le plus nécessaire pour l'affronter : la capacité de juger.

Reste que le sentiment dominant dans ces témoignages est de devoir « ramer à contre-courant de la société ». « Non, l'essentiel n'est pas l'argent ; oui pour réussir, il faut travailler ; non, tout ce qui n'est pas immédiatement utile n'est pas à jeter », relève un professeur de collège, pour qui le principal défi est de parvenir à ce que ses élèves se concentrent « à l'heure du ludique et du divertissement perpétuel ». Un autre estime que « le discours dominant pour ses élèves n'est pas celui de l'école mais celui de la télé-réalité, (...), des réseaux sociaux où jamais ils ne sont incités à réfléchir, où jamais on ne tente de leur donner le goût d'apprendre ».

Le regard se fait parfois plus rude encore quand la critique ne vise plus les seuls instruments modernes de communication mais s'élargit à l'état de la société. Un professeur de classes préparatoires aux grandes écoles estime que ce qui est le plus préoccupant « c'est le déficit, non de connaissances, mais d'intérêt pour le monde et sa complexité ». Cela rend selon lui le sens des enseignements très difficile pour les élèves. Et d'ajouter : « tout l'environnement social incite au narcissisme le plus décérébré ». Dans la même veine, un autre professeur de lycée estime que la position des enseignants devient de plus en plus précaire en raison d'une évolution de la société qui fait « la part belle à l'immédiateté et à la remise en question des savoirs ». Cette situation bouleverse le rapport à celui qui transmet. Le respect du maître disparaît si les élèves ne comprennent pas la mission de l'enseignant et la réduisent à une formule du type : « donnez-moi la recette, pas le principe ». Un autre, plus sévère, déplore que « notre société engendre des a-sociaux aux compétences culturelles faibles qui disent sans arrêt : "je n'ai pas appris car je n'ai pas compris" ».

C'est sur un autre plan, plus fondamental peut-être, que se place enfin le directeur-adjoint d'un établissement catholique privé sous contrat, comportant, précise-t-il, une « importante mixité sociale ». Alors qu'il reconnaît tirer une immense satisfaction de la possibilité « de sortir des enfants par l'école d'un destin médiocre », en recherchant une solution pour chacun, il constate « qu'une pédagogie fondée sur la ritualisation, la répétition, une certaine éthique de la besogne est confrontée à une société qui fait l'apologie du temps court, de l'émotion qui prend le pas sur la réflexion, de l'opinion plus importante que l'analyse ». La difficulté dans ces conditions, écrit-il, est « de résister et de continuer à proposer ce qui nous paraît nécessaire pour nos jeunes, (fût-ce) contre la société ». Cette question ne devrait-elle pas être au cœur d'une collaboration entre enseignants et parents ?

« Les élèves ne comprennent pas ce que l'on attend d'eux »

Un autre constat ressort de la consultation : le sentiment, largement partagé, du désintérêt des élèves. Ce désintérêt est attribué au rapport des jeunes à leur école. Je cite au hasard de ma lecture : « Le défi, c'est la présence d'élèves qui n'ont rien à faire de l'école car ils ont été habitués à ce qu'on ne leur impose rien (...) et qui sont pourtant là alors qu'ils ne demandent parfois qu'à aller travailler » (un professeur de lycée général) ; « des élèves qui n'ont aucun goût de l'effort alors que l'on nous demande une pédagogie par la découverte et le travail personnel de l'élève qui n'en a souvent ni la capacité ni l'envie » (un autre professeur de lycée) ; « chez nous, le principal défi est de mettre les élèves au travail, ce qui est de plus en plus difficile car actuellement il n'y a pas de réelle motivation pour eux » (un professeur dans un lycée situé en zone rurale).

Ce constat est encore plus dur venant d'enseignants de lycées professionnels. Un professeur : « Le défi est de réussir à capter l'attention des élèves, d'essayer par tous les moyens de les instruire. Il faut souvent les éduquer, leur apprendre à être à l'heure le matin, à être présent, à écouter, à ne pas contester tout le temps pour tout et pour rien. Certains refusent de faire un devoir sur table car ils n'en ont pas envie. Cela peut paraître hallucinant, il faut le vivre pour le croire ! »

Ce constat est partagé par les enseignants en collège : « Des élèves consuméristes dont l'expression écrite est laborieuse et qui n'ont pas l'habitude ni la volonté réelle de réfléchir, c'est-à-dire de se poser des questions et de mener une réflexion pour y répondre », dit l'un d'eux. « Des élèves qui n'en sont plus, qui sont mal éduqués (insolence, refus d'obéir…), qui pensent que tout leur est dû, qui refusent de travailler car ils ont la "flemme" et ont pris l'habitude de ne faire que ce qui leur plaît », souligne un autre. « Les élèves n'ont pas pour la plupart la volonté de faire des efforts de travail personnel. » À quoi bon, après tout, relève un troisième, « même ceux qui ont de grosses lacunes passent au niveau supérieur afin de leur faire quitter au plus vite le collège ». Un professeur de lycée général renchérit : « Nous sommes devenus des animateurs, des médiateurs, des éducateurs mais nous n'instruisons plus. Tout est fait pour que l'élève soit heureux, c'est-à-dire qu'on ne lui demande pas grand-chose. »

Mais alors, comment expliquer que les enquêtes PISA[1] sur le niveau des élèves ne confirment pas cela, tout au contraire ? Il y a là une contradiction à méditer. Cette profonde et double insatisfaction partagée par les élèves comme par les enseignants ne peut être surmontée sans que l'on réfléchisse à ses causes profondes.

D'ailleurs, certains témoignages sont plus optimistes. Une institutrice refuse ainsi de fléchir sur le niveau d'exigence, de céder au manque de motivation : « L'essentiel, écrit-elle, se joue dans la classe. Oui, il faut donner plus de stimulation, plus de projets culturels, plus d'ouverture aux parents, plus d'aide au travail personnel, plus d'ouverture sur le quartier, plus de calme et de sérénité pour assurer les

1. Le programme PISA est un ensemble d'études menées par l'OCDE, visant à mesurer les performances des systèmes éducatifs des pays membres et non membres. Leur publication est triennale, la dernière datant de 2013. Un résumé est présenté dans l'annexe 2.

apprentissages, plus de PLAISIR à apprendre. » De son côté, un professeur de collège s'exclame :

> « Et pourtant quand on explique aux parents et aux enfants qu'il va falloir bosser, qu'il va falloir lire, que l'année scolaire passe vite, ils le comprennent très bien ; quand on leur explique que les efforts et le travail sont importants, ils le comprennent très bien. Alors tous les discours démagogiques consistant à créer une école narcissique, d'où les frustrations et les échecs seraient bannis, leur paraissent bien déplacés. Il faut juste expliquer et motiver, récompenser les efforts et encourager et ça marche ! »

Les parents entre deux écueils

De nombreux témoignages d'enseignants s'interrogent sur les relations des professeurs avec les parents. Sans qu'il soit possible de généraliser, on comprend que ce qui est mis en cause est à la fois la défaillance des parents dans l'éducation au sens large de leurs enfants et, simultanément, pour un certain nombre d'entre eux, en maternelle et dans l'école primaire, leur présence active et de plus en plus critique. « Les familles ont tendance à se décharger sur l'école de l'éducation de leur enfant », note ainsi une institutrice. Une autre ressent une « démission parentale » :

« Certains élèves sont sans cesse exclus de cours sans que leur comportement s'améliore. L'institutrice ne peut pas jouer le rôle parental. L'éducation se fait certes à l'école mais l'enfant se construit dans son cercle familial. Je pense que certains parents délèguent l'éducation de leurs enfants à l'école. Or, l'effet de groupe produisant l'agitation, les enfants livrés à eux-mêmes décrochent du programme et se retrouvent lésés, stigmatisés dans la sanction. Ayant une liberté de parole et un tempérament bien plus prononcé que les générations précédentes, ces élèves sont à la recherche d'une attention dont ils ne bénéficient pas chez eux. Ces situations sont extrêmement difficiles à gérer. On souhaite le meilleur pour ses élèves et pourtant on ne peut pas prendre la place des parents. »

Il y a manifestement une collaboration plus confiante à établir.

La difficulté, comme toujours, est de trouver le bon équilibre. Une directrice d'école primaire observe à propos des parents que « soit ils ne sont pas impliqués dans la vie de l'école, soit ils sont trop impliqués, se permettant de menacer, de rentrer dans l'école, de régler les comptes eux-mêmes, de juger les enseignants et de les dénigrer ». Constat qui rejoint celui d'une institutrice de maternelle selon laquelle les parents se comportent de plus en plus comme des « parents-clients » :

> « Ils acceptent difficilement des remarques sur leurs enfants que ce soit sur leur comportement ou sur les difficultés d'apprentissage. En revanche, ils veulent mettre de plus en plus le nez dans notre façon d'enseigner alors qu'on ne se permettrait pas d'aller voir un docteur pour lui dire qu'il doit prescrire tel médicament. »

D'autres, moins nombreux, observent avec satisfaction que les parents suivent parfois leurs conseils et que les effets en sont immédiatement bénéfiques pour les enfants. Un enseignant de collège note cependant que certaines familles ne sont pas en mesure d'aider leurs enfants malgré leur bonne volonté. Cette situation, qu'il juge fréquente, justifierait à ses yeux un réel soutien de la part de l'institution.

IV. Le défi éducatif : l'hétérogénéité des élèves

Un défi est évoqué par tous : celui de faire face à l'hétérogénéité des élèves, de la maternelle au lycée. Un cercle vicieux est décrit : dès la maternelle, un fossé se creuse entre les enfants ; l'école primaire, dans son fonctionnement actuel, ne parvient pas à le réduire et trop d'enfants arrivent en 6e sans maîtriser les fondamentaux. Le collège à son tour est dans l'impossibilité d'assurer les remises à niveau qui s'imposent et on retrouve en fin de 3e le même pourcentage d'enfants – de l'ordre de 20 % d'une classe d'âge – dans l'incapacité de poursuivre des études et qui sont alors l'objet d'une sélection par l'échec, notamment vers les lycées professionnels. Écoutons les enseignants.

D'abord, le constat de l'échec : « élèves de niveau dramatiquement faible qui pour certains n'ont rien à faire au collège (illettrés) » ; « des élèves toujours plus hétérogènes, souvent perdus, en décalage total avec les exigences des enseignements et des discours "officiels" (...) avec le "spectre de l'individualisation" culpabilisante pour l'enseignant et inapplicable dans un groupe de 30 élèves » souligne un professeur de lycée. Un proviseur confirme :

> « Nous voyons arriver des élèves qui sont totalement désadaptés à ce qu'on leur demande au lycée. Le résultat, c'est la violence et la difficulté à gérer les classes. Nos collègues du privé prospèrent sur cela (et ne se privent pas de filtrer). »

Ensuite, l'origine de l'hétérogénéité : la « non-maîtrise » des fondamentaux, qui surgit dans le primaire et accompagne l'élève au collège jusqu'au lycée. Un instituteur résume l'enjeu : « Le plus important pour nous est d'apprendre à lire en CP et en CE de façon à savoir lire couramment et comprendre ce qui est lu en fin de CE. Ne pas admettre au collège un élève qui ne sait pas lire couramment, ni compter (4 opérations et tables de multiplication par cœur). Sinon les élèves décrochent et nous fabriquons des chômeurs. » Un enseignant de collège poursuit : « Il faut que chaque élève de 3e sache lire, comprendre et résumer. Il doit être capable d'écrire des phrases correctes. » Un professeur de lycée renchérit : « Les efforts doivent être mis sur l'école primaire. On ne rattrape jamais les lacunes issues du premier cycle. Il est anormal que des enfants intelligents arrivent en 6e sans maîtriser ni les bases du calcul, ni celles de la lecture et de l'écriture. » Un professeur en lycée professionnel, enfin, met l'accent sur l'enjeu social de l'absence de maîtrise de la langue : « Pour les élèves en ZEP, issus pour beaucoup de l'immigration, la non-maîtrise de la langue est un élément de blocage et de rejet. L'école n'est pas un atout pour eux car ils ne comprennent pas. »

« Classes trop chargées et programmes trop lourds »

Les causes de l'échec scolaire semblent donc bien identifiées par les enseignants. Mais pourquoi le défi paraît-il impossible à relever ? Les enseignants invoquent deux raisons majeures : des classes trop chargées, des programmes trop lourds. Plusieurs témoignages l'illustrent : « Des classes de 20 élèves maximum dans le premier degré, c'est LA priorité » ; « on nous demande de faire de la différenciation, c'est bien gentil mais ça revient à faire des miracles dans des classes de collège à 29 ! On ne peut à la fois gérer la discipline pour la classe et aider les élèves en plus grande difficulté » ; « les élèves demandent de plus en plus de la personnalisation pédagogique, tout le monde est d'accord là-dessus, comment voulez-vous avancer quand vous faites le gendarme la moitié du temps dans la classe ? ».

Mais beaucoup mettent surtout en cause la surcharge des programmes et préconisent un recentrage sur les savoirs fondamentaux :

> « Être capable de donner sa chance à chaque élève est une tâche particulièrement complexe. Les enseignants devraient avoir la possibilité de prendre les élèves LÀ OÙ ILS EN SONT, ce qui suppose une simplification des programmes afin de privilégier les connaissances de base sans lesquelles tout progrès futur est interdit. »

> « Les programmes du primaire sont trop chargés et trop d'élèves décrochent et arrivent en 6e en ne maîtrisant pas les principes de base de la langue française. Je pense que les objectifs de l'école primaire devraient se limiter à savoir lire, écrire, s'exprimer à l'oral, vivre avec les autres, compter, avoir des repères historiques et culturels. Éducation sportive, éducation musicale, éducation à l'écologie, accès

à la culture ou autres doivent être l'affaire des parents et des activités extra scolaires. »

« L'école primaire doit vraiment se recentrer sur les savoirs fondamentaux. Les programmes d'histoire et de géographie sont extrêmement denses et complexes. Les collégiens ne comprennent pas pourquoi on "refait" la Révolution française... alors que le professeur s'étonne de relever 10 fautes par phrase et d'entendre un élève ânonner et non lire un texte qu'il ne comprend pas au final. »

« L'enseignement que nous dispensons est ambitieux ; trop. Les fondamentaux ne sont pas prioritaires : que m'importe qu'un enfant de 10 ans connaisse les guerres napoléoniennes en CM2 alors qu'il n'a pas appris à conjuguer correctement ? Napoléon, il en entendra parler à nouveau en 4ᵉ, il sera plus à même de comprendre. La conjugaison, c'est déjà trop tard. »

Ce constat conduit un enseignant à demander que soit engagée une réflexion d'ensemble sur les programmes : « il me semble que l'élaboration des programmes devrait se faire en envisageant la totalité et la globalité de la scolarité de façon à éviter les redites qui finissent par écœurer les élèves (exemple le programme d'histoire répété dans sa totalité en élémentaire puis au collège puis au lycée !) ».

Et les sciences cognitives ?

Plusieurs enseignants portent leurs remarques sur un autre terrain : celui des résultats de la recherche en sciences cognitives. Il me semble qu'ils ont raison et que cette piste devrait être davantage exploitée[1]. Une institutrice d'école maternelle regrette ainsi – alors que la pédagogie n'est « ni une science exacte, ni une science du tout » – que les enseignants ne bénéficient pas des progrès en sciences cognitives dont se servent de nombreux secteurs économiques. Une autre relève qu'il est impératif de « respecter les intelligences de chaque enfant et d'inventer sans cesse une différenciation dans les méthodes qui permette à chacun d'aller au plus haut de ses possibilités ». Un professeur d'histoire, passionné par son métier, souligne qu'un défi pour les enseignants est de s'adapter à un public « qui peut être attentif ou pas pour des raisons que nous ignorons » et de ne pas devenir des enseignants « dogmatiques enfermés dans des théories et des

1. Au moment où j'écrivais ces lignes, je lisais qu'en Catalogne, à la Fondation des écoles jésuites (dont on sait le rôle majeur qu'elles ont joué en pédagogie avec le célèbre *ratio studiorum* des premiers collèges), les professeurs avaient suivi un cycle de formation de neuf mois assistés par des experts en intelligences multiples pour expérimenter un nouveau système pour les collégiens de 10/12 ans – avec suppression des classes traditionnelles – décidé après deux ans de travail d'un comité participatif regroupant professeurs, parents et élèves. « Notre mission est de former des personnes pour un monde global. Il n'est plus possible de se contenter d'apprendre des leçons comme au XIXe siècle », explique le directeur de la Fondation, qui regroupe huit écoles et plus de 13 000 élèves.

programmes à inculquer sans respect des caractères spécifiques de nos élèves (culture, milieu social, handicap, âge, intelligences multiples), auxquels nous devons adapter notre enseignement pour les faire progresser et non leur imposer un savoir sans âme ». Un instituteur recommande enfin qu'on ouvre les enseignants aux pédagogies qui marchent : « certaines écoles ont de très bons résultats comment font-elles ? (méthode de Singapour[1]) ».

Quelle différenciation ? Comment personnaliser ?

Suffirait-il de réduire ici les effectifs et là les programmes pour relever le défi ? De nombreux enseignants qui mesurent que ces leviers sont difficiles à mettre en œuvre dans la situation budgétaire

1. La méthode de Singapour est une méthode de mathématiques complète pour le primaire, inspirée des livres conçus par le ministère de l'Éducation de la Cité-État. L'étude internationale TIMSS (*Trends in International Mathematics and Sciences Studies*), qui se fonde sur des tests menés tous les quatre ans auprès des élèves de CM1 et de 4e de plus de 50 pays, classe les élèves de Singapour à la première place mondiale (http://timss.bc.edu). « Le principe est simple : les notions (addition, multiplication, fraction, nombres décimaux, ...) sont étudiées en profondeur jusqu'à ce que les élèves les maîtrisent complètement. La méthode repose sur un enseignement explicite : les concepts sont expliqués clairement et brièvement, puis immédiatement mis en application dans la résolution de nombreux problèmes. En résolvant une grande variété de problèmes différents, les élèves sont encouragés à comprendre en profondeur les démarches mathématiques. » (www.librairiedesécoles.com).

actuelle ou compte tenu du poids des traditions dans la définition des programmes, ouvrent d'autres pistes intéressantes : une plus grande autonomie donnée aux équipes pédagogiques, la « modularité » et le travail en groupes de niveau, des sessions de rattrapage. Ainsi, un instituteur convaincu qu'il est nécessaire de mieux individualiser estime :

> « C'est matériellement impossible si nous ne pouvons pas prendre en charge en petits modules nos élèves. C'est à l'école primaire que se créent les retards et la noyade des élèves. C'est la priorité absolue. Après, c'est trop tard. »

Un autre va plus loin, affirmant que l'organisation de l'école doit être repensée « radicalement » car elle n'est plus adaptée à la société actuelle. Ceci impliquerait de réfléchir à sortir de la logique de ce qu'il appelle le « groupe classe » et de passer à un enseignement modulaire prenant en compte la diversité des élèves et de leur parcours : « par exemple, on ne redouble plus une classe mais on retravaille un module de compétence non acquis ». Dans une logique un peu différente, un autre instituteur estime qu'il faut pouvoir passer du temps selon les besoins des élèves :

> « Un mois suffit pour perdre définitivement un élève car nous ne sommes pas organisés. Il faudrait des sessions "commando" avec deux ou trois enfants pendant dix

jours pour de l'intensif, très individualisé, quand il y en a besoin. »

Un enseignant de collège rejoint cette orientation :

« Il faut soutenir les élèves qui ont des difficultés dans les apprentissages et ne pas laisser les difficultés s'accumuler ; en même temps, il ne faut pas se limiter à ces savoirs fondamentaux pour les élèves qui peuvent aller plus loin. Cela pourrait passer par des "modules" de soutien ou d'approfondissement. »

Un professeur de lycée souligne qu'il serait intéressant de penser la scolarité obligatoire non plus en termes d'âge de sortie mais d'années de formation dues à tout élève : « on pourrait ainsi entrecouper les années dans le système scolaire avec des années de service civil, notamment vers le milieu du collège ». De même, une « modularité de la scolarité » permettrait d'envisager de passer dans le niveau supérieur dans une matière et pas dans une autre.

J'aurais été surpris que le débat sur le traitement de l'hétérogénéité ne conduise pas certains à poser la question du collège unique, qui est au cœur de nombreuses polémiques. À dire vrai, elle revient assez peu dans les paroles des enseignants en comparaison avec ce qu'ils disent sur leur statut, leur formation ou les programmes. Mais comme dans le débat public, les positions sont tranchées. Ainsi, un professeur de lycée juge qu'il faut sortir de l'hypocrisie qui fait croire que le même enseignement est délivré selon les mêmes modalités dans tous les collèges et lycées de France. « *De facto*, précise-t-il, cela ne se fait plus, mais cela se fait sur le papier, donc on fait semblant. » Un autre estime nécessaire de revenir sur le collège unique : « Non, tout le monde n'a pas sa place en seconde générale et les 80 % au bac sont une ineptie. Au final, le bac ne sert plus à rien pour un travail et certains jeunes se sentent exclus pensant que tout leur est ouvert (…) et c'est dans notre monde actuel faux. » À l'opposé, un chargé de vie scolaire en lycée général affirme : « Je ne pense pas qu'il faille attaquer le collège unique. Il faut individualiser, il faut différencier, il faut accompagner, mais sans créer une éducation à deux vitesses. » Comment ne pas partager ce souci ?

V. L'organisation de l'éducation nationale

Un fil rouge parcourt les contributions : l'administration centrale « nous étouffe » et « nous » gère avec « des méthodes d'un autre temps » ; seule une autonomie bien comprise donnée aux établissements et aux équipes pédagogiques permettrait de changer la donne.

« Hors du BO[1] point de salut »

> « Une administration impuissante qui n'a pas les moyens de ses exigences et qui fait tenir vaille que vaille une machine obèse : évaluation des professeurs inexistante ou presque, une inspection tous les dix ans, réformes successives illisibles qui se perdent comme l'eau dans le désert… »

Ce jugement résume à lui seul de multiples témoignages venus aussi bien du primaire que du secondaire, d'enseignants que de chefs d'établissements. Les directives nationales sont « contre-productives par nature » relève un professeur de lycée, qui ajoute : « les enseignants sont des professionnels qui doivent pouvoir organiser leur enseignement comme ils le souhaitent et être évalués sur leurs résultats. Ces résultats doivent pouvoir être communiqués et étudiés pour permettre un progrès ». « Halte aux réformes chronophages », clame un enseignant en collège : « il y a des ajustements à faire, c'est certain (…) mais il faut penser au côté pratique et les directives ministérielles sont déconnectées de la réalité, et c'est ce qui fait que certains collègues s'essoufflent ».

1. Bulletin officiel de l'Éducation nationale.

Un autre témoignage illustre cette déconnexion :

« Notre hiérarchie tend trop souvent à nous imposer des projets qui sont des belles vitrines mais qui ne sont que de la poudre aux yeux ! Cette année, nous n'avons pas eu le budget pour acheter des séries de livres mais, au collège, les élèves doivent lire six œuvres par année... À côté de cela, nous avons été dotés de 6 tablettes numériques, super, pour des classes entre 26 et 29. La salle informatique, quant à elle, ne fonctionne pas (réseau et configuration des ordis incompatibles). »

« Un statut archaïque et dépassé »

Le même jugement, exprimé de manière plus rude encore, concerne la gestion de la carrière des enseignants et leur statut. Si très peu de contributions évoquent les « obligations de service » – au cœur des débats politiques –, beaucoup suggèrent des réformes ciblées et proches des règles de management moderne. Sans autre souci que d'en montrer la diversité, je relève les propositions les plus surprenantes, venant d'un corps dont on dit qu'il est rétif au changement. Jugez-en.

S'agissant de la notation, un professeur de lycée déclare :

> « Si la note de concours doit servir aux gains de points d'attribution du premier poste de titularisation, elle ne doit plus être la base de notation de la carrière du fonctionnaire. Les années de pénurie de recrutement, les lauréats démarrent avec une note plus haute que celle des années de plein recrutement. Toute la carrière est alors bloquée (….). La note "pédagogique" est un instantané qui ne représente pas le réel engagement de l'enseignant dans sa mission. La note administrative ("fourchettée") est trop peu importante… Il faut donner aux proviseurs et principaux plus de possibilité d'ouvrir leurs notations afin de faire reconnaître le travail. »

Concernant le statut, un autre appelle une « suppression du corps des agrégés dans les collèges et les lycées, ils doivent être réservés à l'enseignement supérieur ».

Sur l'évaluation, un professeur de lycée général estime qu'un « mode d'évaluation du métier par les inspecteurs tous les sept ans en moyenne sur une heure de cours est totalement inadapté quand la plupart des salariés ont des entretiens annuels d'évaluation ». Tandis qu'un enseignant en collège considère qu'il faut « évaluer les compétences des enseignants et les récompenser eux aussi ».

Au sujet de la rémunération, les enseignants dénoncent un égalitarisme, indifférent aux situations et aux mérites. « Il n'y a pas de différence salariale notable entre un professeur enseignant en Lozère et un professeur enseignant en région parisienne alors que le coût de la vie est très différent », rappelle l'un. « Comment justifier aujourd'hui qu'un professeur certifié enseignant dans le supérieur gagne le même salaire que s'il était resté dans son collège ou lycée ? » s'interroge un autre. « Comment placer sur un plan identique le traitement et la carrière d'un enseignant qui joue les “règles du jeu” à la perfection avec un autre qui se contente de l'inertie et de l'immobilisme comme mode de fonctionnement ? » s'insurge un troisième. « Nivellement systématique et absurde : même salaire, même charge de travail, que l'on enseigne dans un petit collège, une cité scolaire, les arts plastiques dans un collège rural de 300 élèves, l'éducation physique et sportive dans un lycée de banlieue, la philosophie dans un lycée de centre-ville… », déplore ce professeur, qui poursuit :

> « Il ne s'agit pas de remettre en cause l'égale dignité des disciplines bien sûr mais la charge de travail est sans commune mesure : 35 dissertations de français ou de philo = 15 heures de travail. A-t-on un travail équivalent dans toutes les disciplines ? En éducation physique et sportive où il n'y a pas de copies ? En musique ? Pourquoi un poste ne correspondrait-il pas à un cahier des charges négocié avec le chef d'établissement et un collège de professeurs : combien de devoirs ? Quelle fréquence des contrôles ? Quel retour “en aval” des performances des élèves ? Quels objectifs au Bac ? Au brevet ? »

S'agissant de la formation continue, « elle a été sacrifiée », dit l'un. « La formation continue nous fait cruellement défaut ! Mais pitié pas de formation à distance », s'exclame un instituteur. « Elle devrait être obligatoire dans le second degré et porter avant tout sur les pratiques pédagogiques, en partant de ce que les enseignants font », souligne un enseignant de collège. Plus étonnante encore, cette suggestion d'un professeur de lycée général : « Je serais favorable à une offre qui sollicite les universitaires et qui soit en partie sur les vacances scolaires (une semaine sur les deux) pour ne pas faire perdre des heures de classe aux élèves. »

En ce qui concerne la reconversion, la position de beaucoup d'enseignants est claire : « Il faut des enseignants motivés mais cette motivation se perd parfois. Il faut des portes de sortie. Si cela n'est pas fait, enseignants comme élèves souffriront » ; « de nombreux professeurs, qui ont donné beaucoup au long de leur carrière, sont au bout du rouleau. Ils souhaitent une reconversion et pourraient rendre service dans d'autres ministères ; or, rien n'est fait dans l'Éducation nationale pour les aider (...) On ne peut, à l'heure actuelle, avec les enfants qui nous sont confiés travailler 40 ans d'une seule traite sans y laisser sa santé ! »

Un autre pose judicieusement la question :

« Actuellement, un enseignant qui souhaite évoluer professionnellement n'a que très peu de choix ; or, ses compétences sont variées et méritent d'être reconnues. De plus, tout le monde a le droit de changer de métier afin de vivre des expériences différentes. Pourquoi les enseignants seraient-ils exclus de cette possibilité ? »

Au sujet du recrutement, un enseignant de collège l'affirme clairement : « Il me semble important de renforcer l'autonomie des établissements autour d'un projet d'établissement avec un recrutement dans lequel le chef d'établissement a son mot à dire. »

Autonomie. Le mot est lancé. La lecture des contributions montre qu'il suscite des sentiments mitigés. Espoir de changement s'il signifie souplesse, liberté pédagogique, projet d'établissement, responsabilité des équipes. Inquiétude quand il est compris comme pouvoirs donnés au chef d'établissement. J'en ai fait depuis longtemps un thème de ma réflexion et je crois nécessaire de tenir compte de cet espoir comme de cette inquiétude. Sans doute est-ce la meilleure manière de dissiper les peurs.

« Si les établissements ne sont pas plus autonomes, rien ne se passera »

Ce jugement émane d'un principal de collège, ce qui ne surprendra pas. Il le développe en ces termes : « Nous sommes entre le marteau et l'enclume. Énormément de responsabilités, peu de marges. Difficile de suivre sur tout et d'être un administratif pédagogique (et pédagogue). » Un autre enfonce le clou : l'autonomie de l'établissement est « fondamentale pour organiser une vraie politique éducative et pédagogique ». Un troisième est cependant bien conscient de la difficulté : « l'école est un *univers de méfiance*[1] : la hiérarchie pour les chefs d'établissement et réciproquement, les chefs d'établissement pour les professeurs et réciproquement, les professeurs pour les parents et réciproquement, *and so on*, les élèves étant au bout de la chaîne. Comment changer cela ? ».

Comment changer ? Un enseignant de collège propose une réponse :

> « L'autonomie des établissements est une piste intéressante mais je ne comprends pas cette volonté de la droite de caporaliser les établissements. Des professeurs non soutenus par la direction se découragent. Et un chef d'établissement peut vite devenir esseulé et tout l'établissement s'en

1. C'est moi qui souligne.

trouve bloqué. *Ce qu'il faut, c'est une équipe, un travail collaboratif comme cela se fait de plus en plus ailleurs. La France a trop cette culture du petit chef et cela ne marche pas avec les professeurs qui ont une liberté pédagogique.* Il y a là un manque de cohérence. *Soyez ambitieux voyez collectif*[1]. »

Je partage totalement cette vision. Et dans l'hypothèse où je serais enclin à ne pas comprendre, un professeur de lycée – qui estime que les principaux et proviseurs ne sont pas qualifiés pour recruter ou évaluer des enseignants – me met en garde : « Vouloir accroître l'autonomie des établissements dans ce sens, c'est s'assurer de déclencher la guerre avec un million d'enseignants. » Message reçu ! Un autre – qui trouve que la démarche de cette consultation est bonne – se dit très déçu que j'aie parlé des chefs d'établissement, termes qu'il juge « très passéistes » : « Les chefs d'établissement, tout est dit. Nous n'avons pas besoin de chef mais d'une responsabilité des équipes. » Qui a dit que tout se joue dans le choix des mots ?

Une directrice d'école maternelle livre un témoignage qui, s'il montre la difficulté de l'exercice, ouvre une perspective heureuse :

1. Idem.

« En prenant mon poste, mes collègues m'ont dit : tu as voulu le poste de direction, tu restes dans ton bureau avec tes papiers, tu nous laisses tranquilles dans nos classes !!!!!! Puis ayant des objectifs clairs et déterminés dans ma tête, j'ai avancé doucement, calmement, fermement vers une école animée par un groupe d'enseignants et une vie interne collective qui a aidé à résoudre beaucoup de problèmes ; j'ai eu la chance de rencontrer un psy scolaire qui a fait cohésion avec l'équipe et venait même manger le sandwich à midi pour faire avancer les problèmes (ces moments "bénévoles" de toute part furent primordiaux). Beaucoup a été fait et cela a soudé l'équipe. »

Dans mon esprit, la vocation d'un responsable n'est en effet pas d'être un « petit chef » mais un animateur, capable de travailler en équipe et de créer un climat de confiance. Cela dépend évidemment des hommes ou des femmes en charge – de leurs qualités personnelles bien sûr, mais aussi d'avoir été bien formés à cette exigence. Un enseignant le confirme :

« Tout le monde parle d'autonomie des établissements. Mais que met-on derrière ? Il faudrait beaucoup d'intelligence pour en faire autre chose que le règne des petits potentats et créer une responsabilité de l'équipe. Un vrai management moderne à la scandinave. On peut rêver. »

Au moins autant que sur les compétences professionnelles, il faut pouvoir s'appuyer sur des procédures de travail en commun bien définies et un dispositif d'évaluation partagé. « Une évaluation rationnelle, neutre (externalisée) des chefs d'établissement est un impératif. L'évaluation doit être distanciée de la simple analyse chiffrée des performances de l'établissement (illusion de rationalité) : il faut définir des critères partagés par tous », affirme un principal de collège.

Sans doute enfin le recours à l'expérimentation pourrait-il dissiper les craintes. Ce témoignage d'un principal le confirme :

> « Contrairement à une démarche de mutation régulière tous les 3 ou 4 ans, j'ai choisi de rester dans le même établissement le plus longtemps possible afin d'y faire grandir un projet. Septembre 2015 sera ma 9e rentrée scolaire dans ce même collège : Paul-Émile Victor de Branne (565 élèves). La plus grande satisfaction. Par un véritable pilotage partagé avec l'ensemble des personnels, peu à peu, nous avons pu faire progresser la compétence de chacun et la responsabilité de tous dans la construction d'un projet pour chaque élève.
>
> Bilan : aucun élève exclu de l'établissement depuis sept ans ; évaluation par compétences de la 6e à la 3e ; plus de notes en 6e, 5e, 4e.
>
> Axes de travail : maîtrise de la langue et des savoirs fondamentaux, différenciation pédagogique, tâches complexes, "métacognition".

Les défis. Le premier : poursuivre ! Montrer que c'est possible ! Obtenir 100 % de maîtrise de la langue et des savoirs fondamentaux en fin de 3e. Que l'école ne soit plus un facteur d'exclusion sociale, tout en maintenant la réalisation de l'élite.
Le second : que notre administration ne soit plus un facteur aggravant, sclérosant toute évolution et ignorante de ce qui se fait dans les établissements. »

« Laissez-nous travailler en équipe ! »

Faire confiance aux enseignants, favoriser et accompagner les équipes innovantes, fédérer les énergies dans des projets d'établissement (beaucoup d'enseignants regrettent qu'ils ne soient pas mis en œuvre), introduire des marges de manœuvre dans la gestion des moyens et des emplois du temps... De multiples témoignages le demandent à l'envi. Une institutrice de maternelle estime qu'il s'agirait pour l'école d'être enfin à l'heure : « La société tout entière change, observe-t-elle, le monde s'ouvre mais l'école reste en marge alors qu'elle aurait besoin d'une autonomie réelle de travail et d'un travail en équipe. »

Un professeur de lycée s'adresse directement à moi :

« Monsieur Juppé, si vous lisez ce texte, donnez-nous les moyens de travailler en équipe. Les enseignants de lycée ne sont pas plus immatures que leurs collègues d'IUT et nous pourrions gérer les établissements de manière transparente si les textes le permettaient. »

Message entendu.

Un principal de collège conclut ainsi :

« Seule une totale déconcentration du système au niveau des établissements permettra des changements : *toute réforme concoctée au niveau central et appliquée partout de la même manière aboutira strictement aux mêmes résultats ; il faut au contraire susciter l'émulation, faire confiance aux équipes et les responsabiliser* ; tout recentrer sur l'établissement qui est l'élément clé du système et est le seul porteur de changement[1]. »

VI. Quels chemins pour l'école de demain ?

J'ai lu ces témoignages en les ordonnant autour des thèmes qui m'ont paru les plus importants. Loin de moi l'idée qu'ils suffisent à décrire le chantier de l'immense adaptation attendue[2]. Mais ils

1. C'est moi qui souligne

2. La question des rythmes scolaires, l'apprentissage des langues vivantes, la nécessité de préserver les langues mortes, la difficile mise

tracent les axes essentiels autour desquels il me revient de proposer, après avoir entendu tous les acteurs, les chemins pour l'école de demain. Sans vouloir à ce stade tirer de conclusions définitives, je souhaite garder en mémoire quelques messages constituant à mes yeux autant de mises en garde que de principes pour agir. Ils se résument à trois mots : continuité, liberté, confiance.

Continuité

« Laissez-nous respirer, on croule sous les réformes. » Cet appel est général. Non pas comme une opposition de principe à toute réforme mais comme la marque d'une lassitude. « Le problème des réformes, c'est qu'elles changent comme les programmes avec chaque ministre ! » relève un enseignant ; « Le temps que la structure intègre une réforme, une autre est déjà en cours », dit un troisième, qui ajoute : « Je crois que l'on peut s'accorder sur le fait que les demi-mesures, le refus de trancher a fait plus de mal que l'adoption franche et durable d'une voie que l'on aurait pu ensuite évaluer sereinement. Il me semble donc important de garantir une continuité et une évaluation désintéressée des orientations qui auront été choisies, quelles qu'elles

en place du socle commun, l'articulation entre le lycée et l'université, figurent aussi notamment dans les réponses.

soient. » Un autre invite à sortir de la « valse des réformes », à « déconnecter le temps de l'école du temps politique » et pose avec sagesse la question : « Ce pays n'est-il plus capable de s'entendre sur ce qu'il doit apporter à sa jeunesse ? » Un dernier enfin me paraît pointer l'essentiel :

> « J'espère tant qu'il y aura une *continuité* au-delà des alternances politiques, car c'est un gros manque. Dans d'autres pays, il y a cette continuité (Finlande, Québec, Nouvelle-Zélande), même s'il peut y avoir des ajustements. (...) Que le politique arrête de se mêler des détails (ce qui surprend parfois à l'étranger) et se contente de grandes orientations. »

Je l'ai souvent dit : je n'aime pas l'idéologie de la rupture qui divise inutilement. *A fortiori* dans un domaine qui exige un large accord de tous les acteurs et beaucoup d'humilité. J'avais d'ailleurs indiqué dans mon adresse aux enseignants : « Je souhaite aussi innover en reconnaissant et en garantissant certaines des réformes positives qui ont pu être menées. Je souhaiterais connaître le ou les éléments introduit(s) dans les dernières années et qui représente(nt) pour vous une avancée. »

Si des enseignants rejettent tout en bloc, une grande majorité répond de fait de façon nuancée en signalant les avancées de certaines réformes.

Voici celles qui ont été les plus fréquemment signalées :

– La réforme de la formation initiale (9 heures devant les élèves, le reste en formation)
– L'accompagnement éducatif et personnalisé
– La mise en place de PRONOTE, qui permet aux parents de suivre le travail de leurs enfants (sachant que les familles les plus démunies sont parfois désorientées devant cet outil informatique)
– Les établissements Éclair (futur REP+) et la fonction de préfet des études
– Le référentiel directeur d'école
– Le conseil école/collège
– Les cordées de la réussite
– Le développement des internats
– La labellisation lycées des métiers
– Le système des remplacements des professeurs absents par des enseignants présents rémunérés en heures supplémentaires
– La charte de la laïcité
– L'existence de postes d'APS (adulte formé et présent pour traiter les situations de violence dans les établissements prévention violence – si validé par les équipes enseignantes)
– Le concours du CAPES remis au niveau M1

Mais qu'on ne se méprenne pas sur la conviction qui m'habite. Le fait de refuser la rupture – on ne fait jamais table rase du passé – ne signifie pas l'immobilisme. Une profonde adaptation s'impose et vite. N'est-ce pas d'ailleurs ce qui ressort de tous ces témoignages d'enseignants ? À l'évidence, beaucoup souhaitent un changement radical de méthode – de « logiciel » – pour adapter notre école aux enjeux du présent et permettre à notre pays de relever le défi de la cohésion sociale et de l'ouverture au monde.

Liberté

C'est l'autre mot clé.

« L'organisation du système est à revoir en profondeur » (c'est la seule affirmation à faire consensus). Liberté pédagogique. « Le terme liberté parle de lui-même, il n'est pas nécessaire de l'encadrer », souligne un enseignant. Un autre décrit ce qui le gêne de plus en plus au fil des années :

> « Les injonctions de notre hiérarchie qui nous empêche d'exercer notre liberté pédagogique, les changements incessants de programmes, selon les lubies du pouvoir en place. »

> « Tout ce que j'ai tenté de mettre en place a été au mieux ignoré. Peu de marge de manœuvre (...) Je travaille plus

de 50 heures par semaine et je suis plutôt rapide. Cela décourage malgré mes nombreuses tentatives pour rendre les cours plus attrayants, plus vivants, modernes. »

Un cri du cœur enfin : « Quand va-t-on responsabiliser les équipes enseignantes, en les considérant comme des professionnels autonomes ? Quand serons-nous obligés de nous doter d'un réel contrat d'objectifs, d'un projet d'établissement partagé et respecté par tous ? »

Confiance

Quant à l'appel à la confiance, il revient comme un leitmotiv. J'en livre trois témoignages très révélateurs :

« Il est fondamental de prendre en compte les idées des enseignants et de leur *faire confiance*. Il faut réellement mettre en place une concertation (du type de celle-ci) entre les décideurs et le terrain. »

« Nous *faire confiance*, on ne choisit pas ce métier pour des raisons alimentaires, nous voulons apprendre ce que l'on nous a appris, transmettre, quelle noble inclination ! »

« Malheureusement, c'est à l'occasion des attentats de *Charlie Hebdo* qu'on s'aperçoit que nous sommes en première ligne. *Faire confiance* aux enseignants dont c'est le métier, un métier qui s'apprend, exigeant, avec d'importantes responsabilités. Innover, transformer, tout reste à faire. Cessez de considérer les enseignants comme corporatistes. Ils veulent dans leur grande majorité innover, améliorer le système. Mais l'École doit rester celle de la République, d'un socle commun, d'un sens commun. »

Je donne enfin le dernier mot à une institutrice de maternelle qui résume ainsi les priorités : « 1/ former les enseignants (par transmission) 2/ élaborer les priorités et puis réfléchir avec les enseignants à des outils 3/ mettre en avant et encourager les vraies réussites. En résumé, établir les priorités en fonction des besoins et des manques et redonner du souffle à tous et l'envie de progresser ; le courage et la fierté d'une société plus dynamique, confiante et plus enthousiaste. »

Redonner du souffle, retrouver le courage et la fierté d'une société plus dynamique et confiante. Comment n'y souscrirais-je pas ?

2.

Paroles de parents

« Dans une vie, l'éducation de ses enfants est sans doute l'un des rôles les plus passionnants, les plus exigeants et les plus importants. »

Après la très large consultation des enseignants, j'ai interrogé les parents des 12 millions d'élèves qui prennent chaque jour le chemin des écoles françaises[1]. Leurs témoignages m'inspirent un bel espoir car ils révèlent une véritable attention pour l'éducation, une grande confiance à l'égard de l'école et une conscience aiguë de leurs devoirs en tant que parents. J'ai en tête ce beau manifeste du père de deux enfants scolarisés en maternelle : « C'est le but

1. Voir en annexe 7 le texte de l'adresse aux parents mise sur mon blog en mars.

de ma vie. Donner à mes enfants les armes pour affronter le monde et les outils pour s'épanouir. Bref, un travail complexe mais passionnant. »

J'ai recueilli près de 1 500 témoignages, des récits, des appels et de nombreuses propositions. Ces réponses viennent de parents d'enfants jeunes, d'adolescents et même d'étudiants. Elles sont portées dans certains cas par des militants, mais la plupart du temps par des personnes qui ne véhiculent aucun message politique. Elles proviennent parfois d'élus des fédérations et associations de parents d'élèves, mais le plus souvent de parents sans mandat particulier. Enfin, signe des temps, j'ai été frappé par le nombre de grands-parents qui ont pris le temps de m'écrire, tant ce sujet les touche et les préoccupe.

Toutes ces réponses témoignent d'une sincérité, d'une modération dans les propos et d'une richesse dans les constats et les propositions, dont je suis heureux de pouvoir rendre compte.

Les parents ne citent que très rarement les enquêtes nationales ou internationales à l'appui de leur propos. Pourtant, leur analyse touche juste et vient valider ce que ces études mettent en évidence. Le premier constat est le rôle essentiel des parents : comme ils le soulignent eux-mêmes, « lorsque l'on s'investit auprès de ses enfants, ils réussissent ». Éduquer leurs enfants leur apparaît comme une mission primordiale à la fois vis-à-vis d'eux-mêmes et de leur famille, mais aussi à l'égard de la société dans son ensemble :

> « J'attache énormément d'importance à l'éducation de mes enfants. Leur inculquer des valeurs de respect, de tolérance, de goût du travail, de solidarité. En complément de ce qu'ils apprennent à l'école. Être là pour les guider, les épauler, les encadrer. »

Cette exigence, les parents l'ont bien évidemment aussi à l'égard de l'institution scolaire et nombreux sont ceux qui manifestent une attente de changement :

> « Je rêve d'une école qui permette à tous de s'épanouir et de grandir, mais pour cela, il faudrait un changement complet des mentalités, de l'organisation, une formation des professeurs différente et un plus grand respect entre les uns et les autres. »
> « Il faut faire changer les choses maintenant, avant qu'il ne soit trop tard. »

I. Confiance en l'école

« Confiance absolue aux équipes »

Le plus grand facteur d'optimisme que m'ait donné cette consultation est la confiance que manifestent les parents à l'égard de l'école. Nombreux le disent avec force : ils font une « confiance absolue aux équipes ». Ils soulignent notamment « le professionnalisme du personnel enseignant, auquel une confiance plus large doit être accordée, aussi bien de la part de la hiérarchie du ministère que des parents ». D'autres vont plus loin : « Je pense que nous avons de bons enseignants en France, mais gardons-les ! Car en ce moment, beaucoup n'ont plus envie de faire le métier… »

Cette foi en l'école est d'ailleurs confirmée par toutes les enquêtes : ainsi, en décembre 2013, 67 % des personnes interrogées par le Baromètre de la confiance politique[1] déclaraient avoir confiance dans cette institution, un pourcentage supérieur à celui de la Justice et même des associations.

Il faut donner à cette confiance toute l'importance qu'elle mérite : c'est une vraie chance pour l'école et un grand soutien pour les enseignants. Lorsque je compare le crédit qu'accordent les parents à l'école à la terrible démotivation des enseignants, je ne peux que souhaiter que ces derniers tirent de ce livre force et conviction pour aller de l'avant. L'école a en France de belles ressources, à

1. Le Baromètre de la confiance politique, 5 janvier 2014, enquête Opinion Way réalisée auprès de 1 803 personnes pour Sciences Po et le CEVIPOF. Cet indice a toutefois beaucoup baissé entre 2012 (il était alors encore de 73 %) et 2013, en raison de la réforme des rythmes scolaires.

commencer par la qualité, en général, de ses enseignants, sur laquelle les parents ne se trompent pas. Certes, les équipes éducatives doivent souvent faire face à des manifestations de défiance, voire d'agressivité de la part de certains parents. Pourtant, que les enseignants se rassurent : la majorité sereine des parents est à leur côté dans la rude tâche qui les occupe.

Mais, malgré cette confiance de principe, les parents d'élèves ont conscience que l'école va mal. Nombreux sont ceux qui la perçoivent en danger, menacée, voire attaquée.

II. Une école en danger

Certains parents ont même fait le choix de déscolariser leurs enfants. Bien que cela représente un très faible nombre de cas, leur nombre augmente. L'un d'entre eux, par exemple, me confie : « Mes enfants sont actuellement scolarisés à la maison ; c'est moi-même qui dispense l'instruction. Professeur en disponibilité, mon regard sur l'école est plutôt négatif. L'école ne transmet plus les savoirs de base et une culture solide. On assiste à un nivellement par le bas. »

L'école n'est pas seule en cause, et c'est bien, aux yeux de nombreux parents, la société tout entière qui rend la tâche éducative ardue. Ils rejoignent en cela les constats les plus pessimistes des enseignants : « En tant que parent, le plus difficile est de tenter d'extraire les enfants de la société de consommation. Nos enfants regardent peu la TV, nous parlons beaucoup, nous expliquons, nous transmettons. Mais la norme sociale étant devenue une norme de consommation, le combat est ardu. »

Mais les parents d'élèves pointent surtout plusieurs évolutions du système éducatif qui leur paraissent néfastes.

« Lire, écrire, compter ! »

Leur première déception, répétée sans cesse, porte sur les compétences de base, que l'école ne transmettrait plus : « lire, écrire, compter ». Certains me disent : « donnez aux enfants les clés essentielles du savoir : maîtrise de la langue parlée et écrite (orthographe, grammaire...), mathématiques, histoire, géographie... ». D'autres jugent défaillant l'apprentissage dans le premier degré : « Il ne devrait plus y avoir en CM2 des enfants qui ne sachent pas lire et écrire ! » Et d'autres réclament « qu'à la fin du collège, ils sachent lire, écrire, compter, rédiger un propos clair ».

Les parents estiment que l'école transmet de nombreuses connaissances inutiles plutôt que de se concentrer sur l'essentiel. « Déception », m'écrit ce père d'un jeune scolarisé dans l'enseignement supérieur : « L'enseignement se disperse sur des sujets qui relèvent plutôt de la culture générale et en oublie ses missions fondamentales qui sont déjà de savoir compter, lire et écrire proprement le français !!! » « Trop de dispersion », confie un autre, « avec une multitude d'apprentissages de découverte en voulant traiter de tout. »

Le contenu des programmes est très souvent attaqué, voire tourné en dérision :

> « C'est peut-être bien d'apprendre les poèmes de parfaits inconnus mais au pays de Baudelaire et Musset on mérite mieux ! Pareil pour la géographie : en 6e, mon fils vient de passer plusieurs heures sur le Vietnam mais il a du mal à situer Strasbourg sur la carte ! »

L'enseignement de l'histoire, en particulier, semble déroutant aux parents :

> « L'enseignement de l'histoire est complètement ridicule : pas de repères (dates), pas de connaissance de "personnages" marquants... je suis effarée de voir la baisse du

niveau général entre mes aînés (23 ans) et ma dernière (9 ans). »

Parents et enseignants se rejoignent dans cette critique à l'égard des programmes. Tout cela doit être évalué et, au besoin, ajusté.

« Apprendre aux enfants les valeurs de la République et la beauté de notre pays »

Bien qu'ils souhaitent que l'école se concentre sur les savoirs, les parents n'en sont pas moins attentifs à la transmission des valeurs de la République. Les événements tragiques de janvier 2015 ne sont pas étrangers à cette angoisse. De très nombreuses réponses font référence aux devoirs de citoyen, aux valeurs de liberté, d'égalité et de fraternité et au « vivre-ensemble » : « Il est primordial de mettre l'accent sur les valeurs de la République : respect, travail et mérite. » Le parent d'un étudiant dans le supérieur a cette formule : « Les enfants sont à 50 % ceux de leurs parents et à 50 % ceux de la République », tandis qu'un autre propose cet hymne à la France : « Il faut apprendre aux enfants les valeurs de la République et la beauté de notre pays. »

La fin de la conscription est citée plusieurs fois pour justifier le rôle essentiel qu'a acquis l'école dans ce domaine : « Le service national ayant disparu, l'école reste le pilier républicain pour apprendre la vie en groupe. »

L'apprentissage de « valeurs » est ainsi ce qui conduit certains parents à choisir des établissements confessionnels :

> « Mon enfant est en école privée catholique. Les valeurs de respect et d'amour du prochain lui sont inculquées, à ma grande satisfaction. Au-delà des matières fondamentales – français, maths etc. – qui restent indispensables et prioritaires pour être un adulte réfléchi, il faut véritablement une vision confiante et sereine du monde, que j'attends de mon école. »

Mais si les parents manifestent une véritable inquiétude républicaine, ils ne marquent aucune défiance à l'égard des équipes éducatives. Ils pointent le système dans son ensemble, voire, une fois encore, le contenu des programmes : « Les enfants ont la tête encombrée par un tas de jargon technique, de matières obscures, mais on oublie l'essentiel : les règles de la vie en société et le respect des autres. » Comme l'ont parfois souligné les enseignants, notre pays est riche de textes, de réflexions et d'éléments historiques qui permettent de transmettre ces valeurs. Les parents souhaitent s'appuyer sur cette richesse pour construire notre enseignement.

« La machine infernale Éducation nationale »

C'est bien le « système » éducatif qui est lui-même en cause dans les échecs ressentis par les parents. Sur l'institution, son organisation et son fonctionnement, ils n'ont pas de mots assez durs.

Le système est trop indifférencié et « broie » les élèves les plus fragiles : « Que l'école respecte la personnalité de chaque enfant plutôt que de les faire entrer dans un moule. Que les profils atypiques, à haut potentiel ou en difficulté, soient identifiés et pris en charge à temps », m'explique ce parent d'un enfant scolarisé en maternelle et l'autre au collège.

Un autre affirme :

> « Certains professeurs cataloguent très vite les élèves en bons ou mauvais élèves et ne font rien pour ceux qui ont quelques difficultés. Pour eux, il n'y a que le redoublement ou les classes SEGPA pour les mauvais élèves. Ils ne comprennent pas que certains enfants ont du mal avec le système scolaire français, très élitiste. »

Mais c'est aussi au nom des « bons élèves » que cette indifférenciation est critiquée. Ainsi cette mère de deux enfants de maternelle s'alarme :

> « Je refuse qu'on sacrifie les bons élèves en les noyant dans un *gloubi-boulga* dont le but est de faire de l'égalitarisme.

Il faut trouver des moyens d'aider les moins bons élèves mais pas au détriment des bons. »

À cet égard, le collège unique est très attaqué : « Le collège unique est un non-sens. Trop peu d'orientations sont possibles en cours de collège et en 3e les disparités entre élèves sont conséquentes. »

De surcroît, les disparités entre enfants semblent accentuées par le recours à des aides extérieures à l'école, qu'il s'agisse de parents qui peuvent suivre les apprentissages de leurs enfants ou de cours particuliers, en plein développement actuellement : « disparités entre les enfants qui peuvent être aidés et ceux pour qui ce n'est pas le cas ».

L'Éducation nationale semble « mal gérée », son organisation « dépassée », son fonctionnement en décalage avec sa mission. Comme l'indique avec véhémence ce parent, « le problème majeur semble être la réorganisation de la machine infernale Éducation nationale ».

Pour ce père d'une élève de maternelle qui semble bien connaître l'institution scolaire, les difficultés ne viennent pas des équipes éducatives mais d'une organisation désastreuse. Il précise :

« Les rythmes et les horaires ne sont pas adaptés aux contraintes des parents, le manque de culture de résultat [...] finit par décrédibiliser l'Éducation nationale. L'ensemble donne une impression de mauvaise gestion en dépit d'un budget conséquent. »

Les parents d'élèves sont, presque autant que les enseignants, frappés par le nombre et l'inefficacité des réformes entreprises, qui leur semblent renforcer les inégalités. Ainsi, ce parent d'élève délégué, qui indique avoir suivi les conseils de classe de ses enfants depuis 2006, explique :

« Trop de réformes (suite d'un ego démesuré des ministres en charge), il manque une ligne directrice claire posée sur une décennie par exemple. L'école est devenue une reproductrice des "castes". »

Sont critiqués aussi bien les réformes institutionnelles que les changements de ligne pédagogique : « D'une manière générale, en finir des mouvements pendulaires entre les méthodes. Intégrer les nouvelles sans jeter au panier les anciennes », me demande un de mes interlocuteurs.

La dernière réforme qu'évoquent les parents est celle des rythmes scolaires[1]. Comme on le sait, ce sujet a suscité de nombreux débats. Reste que la

---

1. La consultation a été lancée avant l'annonce de la réforme du collège de la ministre Najat Vallaud-Belkacem.

plupart des parents ont jugé cette réforme néfaste pour le bien-être et les apprentissages de leurs enfants.

La principale critique est la fatigue des enfants, notamment les plus petits : « Ces rythmes scolaires fatiguent mon enfant et à partir du mercredi soir il est épuisé. Je pense que cette réforme peut être bien pour des enfants plus grands mais franchement en maternelle ces nouveaux rythmes ne servent à rien ; sachant que l'après-midi les enfants font la sieste, ça les oblige à se lever un jour de plus par semaine. »

La seconde est l'inutilité ou la vacuité de certaines activités péri-éducatives qui ont été mises en place par les municipalités : « Stop svp aux horaires farfelus, aux nap [activités péri-éducatives] inégaux et inintéressants (en maternelle ça n'a aucun sens). »

Grèves et absences

De nombreux parents marquent par ailleurs leur désapprobation à l'égard des grèves et des absences de professeurs non remplacées : « Les professeurs du public sont souvent absents ou en grève, de ce fait nous avons préféré l'école privée qui jusque-là nous donne satisfaction », m'écrit l'un d'eux.

À cet égard, la question du non-remplacement des professeurs est évoquée, moins sous la forme d'une critique des équipes, que comme une faille du système lui-même :

« J'attends aussi que les professeurs ou instituteurs soient remplacés lors d'une carence de l'un d'entre eux pour quelque raison que ce soit. Il n'est pas normal, par exemple, qu'un instituteur se retrouve avec trois niveaux à gérer parce qu'on aura réparti les élèves sans instituteurs dans toutes les classes. Au Canada, les instituteurs ou professeurs restent sur place et font 35 heures. Ainsi, à tout moment il peuvent remplacer un collègue, mais, en France, ce serait la révolution. »

Bien qu'il s'agisse de sujets différents, les grèves et les absences d'enseignants sont souvent confondues par les parents d'élèves, ce qui prouve la mauvaise qualité de l'information dispensée aux parents. On le voit : le non-remplacement des professeurs est une donnée très importante de la relation qu'entretient l'école avec les élèves et leurs parents. Il y a là une réflexion importante à mener pour améliorer le système. Cela passe évidemment par un changement important dans leur mode de gestion.

Enfin, certains parents déplorent la forte syndicalisation, voire la politisation des équipes. Ce parent de deux élèves en collège et lycée souhaite ainsi « un apprentissage d'une parfaite neutralité politique dans une ambiance parfaitement laïque ».

« Les professeurs semblent désemparés, voire résignés et dévalorisés »

Les parents soulignent aussi, en écho presque parfait avec les enseignants, la terrible démotivation des équipes éducatives. Nombreux sont ceux qui soulignent leur « dévouement », leur engagement et leur courage :

> « Pour commencer, je veux remercier les enseignants qui ont formé mes enfants avec patience et dévouement et les ont amenés à ce qu'ils sont aujourd'hui. Ça n'a pas été facile, il y a beaucoup d'élèves perturbateurs au collège, et il faut beaucoup de courage pour se lever le matin et faire son cours en y croyant un tant soit peu… »

Pourtant, les parents ressentent vivement le découragement des enseignants. C'est le cas de cette déléguée des parents d'élèves :

> « Les professeurs semblent désemparés, voire résignés et dévalorisés. Leur rôle est court-circuité par une administration et de multiples intervenants aux responsabilités mal définies : rectorat, collectivités locales, ministère, syndicat… Tout le monde se mêle de tout et plus personne n'est responsable de rien. »

La plupart des parents sont convaincus que les professeurs sont impuissants devant l'ampleur de la tâche qui leur est assignée : « Les relations avec les enseignants sont bonnes mais simplement ils nous confirment leur impuissance à améliorer tel ou tel domaine de leur profession par manque de temps, de moyens et à cause de grosses disparités de niveaux dans les classes. » Comme l'évoque ce parent, les professeurs semblent « dépassés » : « Au regard de notre classement à l'échelle européenne, sauf erreur aujourd'hui 25e alors qu'il y a une quinzaine d'années nous étions dans les tout premiers, il semblerait évident que nos enseignants ont complètement perdu pied. »

Enfin, certains, bons connaisseurs de l'éducation, s'indignent du manque de formation des enseignants : « j'aimerais que [l'enseignante] actualise ses cours (non, ce ne sont pas les Arabes qui ont assassiné Roland à Roncevaux, on le sait depuis 50 ans au moins !) ». Cette personne souhaiterait aussi que soit mieux pris en compte le progrès des sciences cognitives dans la formation des enseignants : « L'institut du Cerveau et de la Moelle épinière fait des découvertes sans arrêt sur le fonctionnement du cerveau et la construction de nos intelligences. Dans combien de temps l'Éducation nationale en tiendra compte ? »

Cependant, je tiens à le dire : la majorité se montre optimiste quant à la possibilité de « changer l'école » et de l'améliorer. Cette consultation montre qu'il n'existe pas un « divorce » entre les parents et l'école, comme le laisseraient croire certains rapports alarmistes[1]. Les difficultés du système éducatif sont perçues par l'ensemble de la communauté éducative, qui semble portée par la même envie de changement.

III. Éduquer : les difficultés des parents

J'ai interrogé les parents et grands-parents d'élèves sur leur sentiment à l'égard de leur « tâche éducative ». Certains ont préféré d'autres termes : « ce n'est pas une tâche, c'est un devoir ! ». Bien entendu, éduquer est plus qu'une tâche, c'est sans doute davantage une mission, une vocation, un devoir – en effet – et une responsabilité.

1. G. Fotinos, J. Fortin, *Une école sans violences – De l'urgence à la maîtrise*, Hachette Éducation, 1999 ; V. Corre, *Pour une coopération éducative au service de la réussite des élèves*, Rapport d'information n° 2117, Assemblée nationale, juillet 2014.

« Je travaille 60 heures par semaine »

L'articulation entre l'éducation et la vie professionnelle est perçue comme une difficulté majeure. C'est singulièrement le cas des mères, sur qui repose encore trop souvent la tâche d'éducation des enfants :

> « En tant que mère, il est extrêmement difficile de concilier vie professionnelle et éducation des enfants. Soit vous faites carrière et vous devez alors déléguer la tâche éducative de vos enfants, soit vous privilégiez vos enfants. Il est extrêmement difficile aujourd'hui de concilier les deux : horaires incompatibles, garderies des écoles qui n'assurent pas l'aide aux devoirs… »

Mais les pères se plaignent aussi de ne pas disposer de temps pour assumer leur mission éducative : « je travaille 60 heures par semaine, pour moi c'est difficile ! ».

Le suivi des devoirs est aussi un sujet qui touche de nombreux parents. Ils décrivent les difficultés qu'ils rencontrent pour lui consacrer le temps nécessaire : « faire faire les devoirs le soir après le travail quand les enfants sont crevés et les parents stressés par le travail, c'est une catastrophe ». Ils se disent également désemparés par des consignes de travail jugées opaques : « Le plus difficile est l'aide aux devoirs car il est parfois compliqué de comprendre [leur] objectif. » Pour certains d'entre eux, ceux qui sont les plus éloignés de l'institution scolaire, ceux qui maîtrisent mal la langue française ou ceux qui ont quitté jeunes le système scolaire, suivre les devoirs de leurs enfants devient rapidement impossible. Je remercie cette mère pour son témoignage : « Je suis limitée parce que je ne maîtrise pas complètement le français. Née à l'étranger et venue tard en France. Je ne peux pas aider mes enfants à faire leurs devoirs. »

Ados : « Bientôt sorti de ce calvaire »

Le suivi et l'accompagnement des adolescents posent par ailleurs des problèmes spécifiques, qui dépassent le cadre de l'école. Sur ce sujet, les récits sont malheureusement nombreux et éloquents. Ainsi, ce parent de quatre enfants au collège et au lycée traduit l'angoisse de centaines d'autres :

> « Tâche ardue. Quelle attitude adopter face à nos ados ? Ils rencontrent des camarades dont les parents ont complètement baissé les bras (sorties autorisées n'importe quel jour de la semaine à pas d'heure...), alcoolisme précoce, omniprésence de *dealers* près des établissements scolaires... Assez peu de perspectives d'avenir, avoir son bac n'a plus de valeur puisque 80 % d'une classe d'âge l'obtient ! »

Un autre parent s'avoue « perdu » face à sa mission éducative et exprime son soulagement d'être « bientôt sorti de ce calvaire ». Un troisième exprime son impuissance :

> « Ma tâche éducative de parent aujourd'hui est désolante : quelle que soit la classe, le niveau est plutôt faible, et mes enfants se baladent. Il faut donc faire preuve de créativité pour les tirer vers le haut, faute de quoi ils s'ennuient ; les enfants ne sont pas heureux à l'école, se sentant en environnement hostile ; une bonne partie du travail consiste à les motiver pour qu'ils ne fassent pas un blocage sur l'école, tout en écoutant les signaux faibles précurseurs de problèmes plus graves. »

Pour les parents d'enfants présentant des difficultés particulières, comme les enfants dits « dys »[1], la tâche est rendue plus délicate encore par les problèmes de coordination entre l'école et les autres acteurs de l'éducation ou de soin. Certains décrivent leur parcours comme un « combat », d'autres déplorent un « abandon » de la part du système éducatif : « Parents de quatre jeunes de sensibilité dys, je constate de grandes difficultés d'accueil dans les établissements de suivi et d'orientation, dans un

1. Dyslexiques, dyscalculiques, dysorthographiques, dyspraxiques, dysgraphiques.

système qui peine à éduquer dans la bienveillance face à un élitisme froid. » Les dispositifs existent, ils sont même nombreux – trop nombreux ? – mais la continuité de l'ensemble reste à construire.

Pourtant, les parents semblent croire à l'école plus qu'à toute institution pour résoudre leurs difficultés[1].

> « L'école doit rester le rempart face à toutes les dérives, mais il faut que l'État lui en donne les moyens : pas forcément humains ou financiers, mais dans le soutien apporté aux enseignants pour qu'ils soient respectés, que l'on évite "l'enfant roi" et la "parole sainte" des familles démissionnaires. C'est le seul rempart à la montée des extrêmes. Mais la tâche est rude. »

Des parents « démissionnaires » ?

Les parents sont par ailleurs très critiques à l'égard de ceux qui ont baissé les bras. Cette ancienne directrice d'école souligne : « Les parents qui vont vous répondre sont concernés par l'avenir de leurs enfants. Ce sont les autres qu'il faudrait toucher, les parents qui ont baissé les bras, qui n'en

1. Aucun ne songe à citer les multiples associations qui effectuent pourtant un important travail dans ce domaine, comme ATD Quart Monde, qui a construit un programme d'aide à la parentalité dans les quartiers difficiles.

n'ont rien à faire, car ce sont ces parents-là qui font l'échec de l'école. » Ce témoignage vise d'ailleurs deux situations différentes : celle des parents qu'on appelle « les plus éloignés de l'école », qui, par leur origine, sont en décalage par rapport aux attentes de l'institution, et les parents de toutes les classes sociales qui, pour d'autres raisons, sont moins attentifs à l'éducation de leurs enfants.

Il faut faire attention aux mots. Que certains parents ne puissent pas, pour des raisons culturelles ou sociales, contribuer à l'instruction de leurs enfants ne doit pas conduire à considérer leur défaillance comme un renoncement volontaire. Il n'existe guère de familles « démissionnaires », mais seulement des parents désorientés et impuissants. Le rôle de l'école, des collectivités et des associations est de les aider à reprendre pied et à soutenir toutes les initiatives qu'ils prennent en ce sens. Comme le souligne l'un d'eux : « C'est un devoir pour les parents et un droit pour les enfants. Il faudrait d'ailleurs que lorsque les parents sont en défaillance (en fonction des problèmes), ils puissent être aidés. » Cela passe par une détection précoce, par un rôle accru des parents d'élèves élus, par une implication des collectivités et des associations, mais avant tout par une meilleure relation entre parents et école.

« Parfois j'avance à angles aiguisés et parfois à angles arrondis »

Les parents ont aussi décrit avec soin leur mission éducative.

Pour beaucoup, le rôle des parents est la transmission des valeurs : « En tant que parent il faut apprendre aux enfants la politesse, le respect et l'obéissance aux règles, au risque de passer pour "un cerbère" ! »

Nombreux sont aussi ceux pour qui l'amour, le respect de l'enfant et la bienveillance sont les plus importants : « Mon rôle de parent est d'aimer et d'éduquer mon enfant. » Il s'agit de transmettre à l'enfant la confiance en soi et la sérénité face à un monde jugé violent : « Dans un monde violent, où les démissions parentales sont trop nombreuses, l'éducation est une tâche de chaque instant. » Cela passe par beaucoup de communication, de temps consacré à la parole et… de répétition ! La description que donne cette mère d'un enfant de collège est très parlante :

> « Il faut expliquer (sans en avoir l'air), mettre en perspective, et encore et toujours répéter. Cela est fastidieux parfois. Mais quel plaisir de voir son enfant progresser ! L'éducation, c'est un accompagnement, on doit l'aborder avec bienveillance, en lien avec toutes les équipes scolaires mais sans empiéter sur leurs domaines. »

Enfin, les parents d'élèves ont conscience de la difficulté de l'exercice, qu'ils décrivent parfois comme un véritable travail de diplomatie. Il faut manier tantôt les sanctions, tantôt les récompenses, écouter, convaincre et négocier. Comment ne pas être frappé par la justesse de cette image de l'éducation, donnée par un parent de deux enfants en maternelle ?

> « J'éduque mes enfants dans un cadre bien limité. Parfois j'avance à angles aiguisés, parfois à angles arrondis en veillant toujours à respecter leur liberté d'expression et d'agir. Ce n'est pas chose facile mais possible quand on a acquis dès le départ que nos enfants sont des êtres humains à part entière. »

IV. Les relations entre les parents et l'école

Les parents d'élèves sont membres de la « communauté éducative » depuis la loi dite Jospin de 1989 et participent à la « coéducation » depuis la loi portant refondation de l'école de la République de 2013. Pourtant, pour nombre d'entre eux, la relation avec l'école est encore distante, voire inexistante. Cela n'est pas toujours le signe d'un échec : certains parents écrivent qu'ils n'ont aucune relation avec les équipes éducatives parce que la scolarité de leurs enfants se déroule sans heurt et qu'ils n'éprouvent pas le besoin d'une plus grande proximité avec l'institution scolaire. Mais pour d'autres, cette distance est davantage subie, vécue comme une déception ou une attente.

« Les parents éduquent, l'école instruit »

Les parents sont assez diserts sur leurs relations avec l'école. La première constatation que j'ai faite est qu'ils ont une conception très claire du partage entre leur rôle et celui de l'école. Nombreux sont ceux qui affirment avec force le besoin de ne pas « empiéter » sur les prérogatives des enseignants : « l'éducation, c'est un accompagnement, on doit l'aborder avec bienveillance, en lien avec toutes les équipes scolaires mais sans empiéter sur leurs domaines ». Pour ce médecin, il est important que chacun « fasse son métier » : « Je leur ai largement fait confiance (après les avoir choisis) et n'ai pas eu à le regretter. Si j'allais les voir, c'était par respect à leur égard. À chacun son métier ! Et on le fait d'autant mieux qu'on est motivé par la confiance qu'on vous porte (médecin, je sais de quoi je parle !). » Les parents, cohérents avec la confiance qu'ils accordent aux équipes éducatives, rappellent qu'il faut les laisser faire leur travail. Ils sont très nombreux à évoquer leur souhait d'une répartition équilibrée des rôles : « LES PARENTS OUI MAIS PAS TROP, À CHACUN SON ROLE[1]. »

Beaucoup rappellent la distinction chère à Condorcet entre éducation et instruction : « l'école n'est pas conçue pour éduquer mais pour instruire ». Cette formule est répétée à de nombreuses reprises, sous des formes un peu différentes : éduquer/instruire ; enseigner/éduquer ; apporter des savoirs/transmettre des valeurs…

« Bienveillante et non intrusive »

Les parents souhaitent que l'école respecte leur espace de responsabilités : « le rôle de l'école n'est pas de se substituer à la responsabilité des parents ». Ils se montrent parfois choqués que celle-ci porte sur l'éducation de leurs enfants un jugement ou qu'elle semble s'immiscer dans ce qui relève, à leurs yeux, de leurs prérogatives. Ils souhaitent que l'institution scolaire soit à la fois « bienveillante et non intrusive ».

Les parents conçoivent leurs relations avec l'école comme un « travail d'équipe ». D'autres

1. Les majuscules sont de l'auteur de la réponse.

parlent même de « binôme » – « [l'école doit] être un binôme avec les parents pour transformer un enfant en homme » – ou de « partenariat » : « Une relation de partenariat : nous devons faire ce qu'il faut pour travailler ensemble à l'épanouissement de nos enfants avec nos propres compétences. » Un ancien délégué des parents m'explique qu'il faut établir entre les familles et l'école une « une relation gagnant-gagnant et constructive » : « J'ai été 10 ans président d'une association de parents d'élèves et ça marche. » Le terme de « coéducation », désormais inscrit dans la loi, est également cité : « la coéducation (parents, enseignants, adultes) est primordiale pour que l'enfant se construise et grandisse avec des fondements solides ».

Ce parent d'enfant en difficulté exprime bien ce que peut être ce partenariat :

> « Avec mon épouse nous avons déjà créé des partenariats avec les professeurs pour notre fils qui est en difficulté. En aucune manière nous ne considérons les professeurs comme des ennemis et nous le faisons savoir à nos enfants. Il est nécessaire de respecter le corps professoral et d'établir des liens de confiance entre lui et les élèves. »

« Deux mondes opposés qui se parlent sans communiquer »

Reste qu'il y a aussi des parents déçus, qui relatent des difficultés de communication avec les équipes éducatives : « J'aimerais que la relation parents-équipes soit plus fluide, plus transparente parfois… Ouvrir les portes de l'école, du collège… et rentrer dans la classe serait parfois une bonne chose. Créer plus de liens entre parents et enseignants me semblerait une bonne idée. » Ils évoquent souvent un fossé, une difficulté de communication qui porte à la fois sur les méthodes et les contenus :

> « J'aimerais que les équipes éducatives soient plus à l'écoute des parents car elles sont parfois déconnectées de la vie professionnelle. Elles méconnaissent souvent le monde de l'entreprise et ont du mal à s'ouvrir. Elles ont aussi des idées très arrêtées et j'ai du mal parfois à comprendre les méthodes d'apprentissage dans certaines matières. »

Plus amer, ce dernier évoque « deux mondes opposés qui se parlent sans communiquer. Il faut casser ces dogmes ».

« Un rapport plus équilibré et de plus grande écoute »

Mais les parents formulent aussi de nombreuses propositions, qui sont autant de pistes pour le projet que je poursuis. Ils recherchent avec l'école « un rapport plus équilibré, de plus grande écoute, avec une approche plus holistique que purement technique de l'élève », qui passe d'abord par un meilleur dialogue :

> « Il faut plus et mieux communiquer. L'interminable file d'attente des réunions parents professeur paraît obsolète et désagréable pour les parents comme pour les professeurs. Scolinfo [système de communication des devoirs et des notes entre les familles et les établissements] est un bon début, mais pourquoi ne pas pouvoir laisser des messages au professeur ? »

Un autre parent demande de « pouvoir faire des remarques ou suggestions par mail » :

> « Une relation professionnelle de parent à enseignant avec un carnet de note, des appréciations, des réunions d'explications, un lien aussi numérique fort utile et immédiat. »

Si les réunions d'information entre parents et équipes éducatives sont appréciées, elles sont souvent jugées trop irrégulières : « La relation actuelle se limite essentiellement à 2 réunions par an : en début d'année, présentations des enseignements, en cours d'année, réunion parents-professeurs. C'est trop peu », écrit ce parent de deux enfants en collège.

Les demandes des parents sont précises : « Avoir plus d'informations sur la méthode d'enseignement, sur les objectifs de l'année, trimestre par trimestre. Avoir plus de réunions de classe. » Ces réunions devraient à leurs yeux porter aussi bien sur les performances des élèves, l'acquisition des compétences, que sur les méthodes pédagogiques retenues. Ils demandent en particulier que leur soient signalées très rapidement les difficultés de leur enfant :

> « Je souhaite être informé si des problèmes apparaissent, sollicité si besoin pour les soutenir sur des temps d'accompagnement ou d'activité. Pour le reste, laisser travailler [les professeurs] tout en leur rappelant la très grande responsabilité qui est la leur. »

Cette comparaison des pratiques entre les systèmes éducatifs polonais et français que me livre cette mère est intéressante :

> « D'origine polonaise, je suis surprise par le manque de contact entre les parents et les enseignants. En Pologne, dès le CP on a une réunion parents-enseignant tous

les 2 mois pour parler de la classe : progrès, difficultés, problèmes personnels, dispute entre collègues de classe. Tout est mis sur la table, on discute entre adultes sans langue de bois. C'est l'occasion de proposer des sorties, les organiser, etc. Un vrai lien entre le maître et les parents. J'ai appris que depuis 3-4 ans, dans tout le pays on a introduit le cahier de correspondance électronique. Avant que l'enfant rentre à la maison le parent sait qu'il a une poésie à apprendre pour mardi ou une dictée la semaine prochaine… Je trouve que la réunion maître-parent en fin septembre ne permet pas de créer un lien. Vu que c'est le début de l'année, les problèmes ne sont pas encore là… »

Les familles demandent que soient abordées aussi bien les questions individuelles, celles qui concernent leur enfant, que les activités collectives, la vie de classe, les projets qui se développent au sein de l'établissement : « Je voudrais savoir aussi ce qui se passe dans la classe », me dit cette mère d'un enfant de maternelle, « parce qu'ils sont trop petits, ils ne racontent pas tout ».

Mais les difficultés se concentrent plutôt sur le collège. Les parents semblent perdre le contact avec les enseignants et le personnel de direction : « Je suis moi-même déléguée des parents d'élève et je suis très consciente qu'aujourd'hui très peu de parents répondent aux convocations des enseignants. Il y a bien souvent une participation active des parents en maternelle et primaire, mais cette participation s'amenuise d'année en année. Les parents ne se sentent pas impliqués. »

En règle générale, ceux qui ont scolarisé leurs enfants dans les écoles privées sont plus satisfaits de la relation qu'ils entretiennent avec la direction et les enseignants :

> « Nous avons là encore la chance de pouvoir facilement échanger avec les équipes éducatives. Mes enfants sont en école privée, que nous avons choisie par affinité avec les enseignants rencontrés (en Bretagne il y a plus de 30 % d'écoles privées). »

Quel rôle pour les parents délégués ?

Les parents d'élèves délégués jouent évidemment ce rôle de transmission entre l'institution scolaire et les familles. Dans certains cas, la communication est bien organisée et semble satisfaire les deux parties, mais, comme le résume ce délégué, les relations peuvent se tendre assez rapidement : « Je n'ai pas de souci, étant membre d'une association de parents d'élèves. L'écoute est réciproque entre nous, représentants des parents, et l'école. Nous essayons de communiquer via les parents correspondants et le blog. Le cahier de correspondance est à vérifier et permet le suivi. Mais il demeure des problèmes disciplinaires qui se soldent par des réactions de déni (ou violence verbale) des parents concernés. »

En général, les parents d'élèves délégués manifestent plutôt une grande satisfaction à l'égard de leur rôle. Mais nombreux sont ceux qui font part de difficultés : horaires des réunions et des conseils de classe les contraignant à prendre sur leur temps de travail, forte inégalité entre l'information détenue par les équipes éducatives et celle délivrée aux parents (documents du Conseil d'école ou du Conseil d'Administration envoyés la veille), discussions peu ouvertes aux parents au sein de ces conseils. « Les professeurs (pour la plupart) savent toujours mieux que les parents, n'hésitant pas à prendre ces derniers pour les derniers des imbéciles », m'écrit l'un d'eux.

Certains estiment que les discussions au sein des instances concernent davantage les intérêts des équipes éducatives que ceux des enfants : « Le syndicalisme est trop présent dans les réunions et l'intérêt des enfants est souvent au deuxième rang. »

Beaucoup d'ailleurs abandonnent leur mandat au bout de quelques années :

> « J'ai été parent d'élève délégué pendant deux ans mais franchement j'avais l'impression que je ne servais à rien. Les décisions sont prises à l'avance, le Conseil d'administration est une chambre d'enregistrement et en conseil de classe les parents n'ont pratiquement pas la parole. »

On le sait : les parents d'élèves qui, historiquement, n'avaient pas été associés au fonctionnement de l'école et des établissements, disposent désormais de nombreux outils juridiques pour y participer[1]. Mais cette consultation confirme que les relations des parents avec l'école restent encore souvent « formelles » et certains parents ne s'y retrouvent pas :

> « … Il faudrait une révolution copernicienne pour que la place des parents soit acceptée par les professeurs. Ce qui ne cesse de m'étonner de la part du corps enseignant, c'est l'incapacité de travailler ensemble, sur des sujets transversaux. »

C'est particulièrement le cas des parents qui, pour des raisons sociales ou liées à leur histoire personnelle, se sentent moins légitimes pour approcher

1. Progressivement, les parents se sont fait une place et participent aujourd'hui, au travers de leurs représentants, à toute une série d'instances (conseils d'école, conseils d'administration des établissements publics locaux d'enseignement (collèges et lycées), commissions d'appel ; conseil départemental de l'Éducation nationale, conseil académique de l'Éducation nationale, Conseil supérieur de l'éducation).

Leur présence a été consacrée par la loi du 10 juillet 1989, dite loi Jospin, reconnaissant la « communauté éducative », dont font partie les parents, aux côtés des personnels de l'établissement, des collectivités territoriales, des associations, puis par la loi de refondation avec la notion de « coéducation ». Dans le second degré, cette évolution a été similaire, avec une reconnaissance acquise dès 1968.

les équipes éducatives et renoncent à s'exprimer ou le font sur un mode qui paraît agressif à l'égard des enseignants ou des personnels de direction. Certains ressentent même de la part des équipes éducatives un sentiment de mépris : « Pas de relations ! Deux mondes différents. Eux savent et les parents sont ignorants ! »

Je remercie à cet égard ce parent délégué pour son manifeste :

> « Je précise que je suis ancien responsable d'une fédération de parents d'élèves (PEEP). À ce titre j'ai pu mesurer le fossé qui existe entre les parents qui savent utiliser l'école et ceux qui subissent l'école. Ce fossé doit absolument être comblé et sans vouloir défendre aveuglément les fédérations de parents, je veux insister sur leur importance capitale pour rétablir un véritable lien entre les familles et l'école. Des responsables bien formés par les fédérations, qui sont, lorsqu'ils existent et fonctionnent bien, de véritables interfaces de dialogue – ce qui profite tant à l'école elle-même, qu'aux familles et surtout aux enfants élèves. »

« Une école plus ouverte »

Les parents, et bien souvent les grands-parents m'ont aussi fait part de leur souhait d'être davantage associés à la vie de l'école. Ils se disent prêts à y intervenir, à transmettre leurs compétences et à aider les équipes éducatives. Ils déplorent souvent de n'être pas suffisamment sollicités par les établissements : « Je souhaite que les parents interviennent de plus en plus dans la vie scolaire et témoignent des réalités de la vie. »

Ce parent a d'ailleurs bien compris quel dilemme conduit les équipes de direction à limiter les activités extra-scolaires et les interventions extérieures : pour des raisons qui se comprennent aisément, les questions de sécurité sont omniprésentes à l'école et le personnel en est responsable, y compris pénalement. Cela explique selon lui une certaine frilosité :

> « Il y a des directeurs/trices qui ont tellement peur pour leur peau et leur responsabilité que les instituteurs et les élèves n'ont le droit de rien faire ; pas de sorties, pas d'initiatives personnelles, pas de jeu de neige en hiver, etc. Cela décourage tout le monde. Si une personne externe veut "aider", par exemple donner des cours d'anglais, cela est impossible par le système. Au contraire, toute interaction et aide de l'extérieur devrait être encouragée. »

« Un système d'évaluation des élèves lisible par les parents »

Enfin, les parents sont très attentifs à l'évaluation de leurs enfants. Ils aiment savoir où ceux-ci en sont de leurs apprentissages et veulent être en mesure de détecter les difficultés afin d'y remédier : « des points réguliers s'il y a des problèmes pour mes enfants. Un système de notation clair basé sur la validation des compétences : acquis, en cours, non acquis. C'est simple et facilement compréhensible pour pouvoir approfondir les notions non acquises à la maison »[1].

Dans l'ensemble, ils font confiance aux enseignants sur le système de notation adopté : « Je leur fais confiance pour noter, c'est leur métier. » De nombreux rapports[2] ont d'ailleurs montré que la notation chiffrée des élèves ne pose de problème, ni au sein des écoles – qui l'ont pour la plupart abandonnée dans les petites classes – ni dans les collèges, où professeurs, parents et élèves s'en disent satisfaits. Certaines familles, notamment dans les milieux favorisés, préféreraient une école plus bienveillante, qui évalue le plus tard possible et sans notation stricte.

Reste que le système d'évaluation à l'école primaire semble manquer d'homogénéité à beaucoup de familles, qui demandent « un système clair » et « une évaluation compréhensible ».

1. Voir l'annexe 5 sur la notation des élèves.
2. IGEN, *La notation et l'évaluation des élèves éclairées par des comparaisons internationales*, rapport 2013-072, juillet 2013.

V. Les attentes des parents à l'égard de l'école

De nombreux parents ont pris le temps de me proposer de véritables pistes de changement pour l'Éducation nationale. Je les en remercie et m'en inspirerai. D'autant que la majorité d'entre elles sont pleines de bon sens. Chacun a bien conscience des multiples objectifs qui sont assignés à l'école et de la difficulté de les concilier : faire avancer les meilleurs et assurer la réussite de tous ; préparer des citoyens responsables et leur apprendre un métier ; sanctionner les déviances et les incivilités mais rester une école bienveillante.

Maternelle : « La priorité des priorités »

En premier lieu, les parents proposent des solutions destinées à enseigner ce qu'ils appellent le « socle », « les fondamentaux », le « lire, écrire, compter » ou les « connaissances de base », dans lesquelles ils intègrent « l'histoire et la géographie ». Pour cela, beaucoup pensent qu'il faut revoir l'éducation dès la plus petite enfance. C'est en maternelle, voire à la crèche, que s'élaborent les premiers schémas langagiers, c'est aussi là que l'enfant apprend la vie au sein d'une collectivité autre que sa famille. Ce père investi à titre bénévole dans l'éducation dessine un véritable programme :

« Je ne suis pas un enseignant mais je m'occupe, bénévolement dans une association municipale, "d'accompagner scolairement" un certain nombre de jeunes rencontrant des difficultés à l'école. La grande majorité d'entre eux ayant des parents issus, selon la terminologie, de l'immigration ne peuvent recevoir aucune aide dans leur famille. Leurs parents font tout ce qu'ils peuvent pour les aider ou leur trouver une aide, mais force est de constater que ces jeunes que nous accompagnons n'ont pas chez eux les petits coups de pouce ou les conseils qui pourraient débloquer des incompréhensions. Aussi je pense que l'école maternelle et le début du primaire devraient être la "Priorité des priorités" de l'Éducation nationale. C'est à ce moment-là que se joue l'avenir des jeunes, surtout en provenance de milieux défavorisés. L'école maternelle et le primaire devraient concentrer leurs efforts sur les connaissances de base (français, calcul, ...) et surtout sur leur appropriation en faisant plus d'exercices. »

La méthode dite « des grands-mères »

Les parents d'élèves demandent souvent que l'école fournisse aux élèves une méthode d'apprentissage rationnelle. Ils déplorent une dispersion dans les consignes et les méthodologies qui rendent difficile l'acquisition des savoirs, notamment au lycée et, plus tard, dans l'enseignement supérieur. Cette mère l'exprime avec humour :

> « Lire écrire compter, culture générale essentielle, histoire-géographie, un peu de numérique et surtout UNE MÉTHODE DE TRAVAIL. Je suis pour l'ancienne méthode dite des grands-mères. »

J'ignore ce qu'est exactement cette méthode des grands-mères mais je comprends qu'elle repose sur beaucoup de rigueur et de répétition. Pour une autre, il faut « apprendre à apprendre, redonner du sens ».

« Personnaliser » l'enseignement

L'acquisition du « socle » passe aussi par une différentiation accrue de l'enseignement. Sur ce point, se dégage un fort consensus. Ce témoignage me paraît d'autant plus intéressant qu'il s'appuie sur l'expérience et sur une approche empathique des élèves en difficulté :

> « Peut-être faudrait-il "personnaliser" selon les niveaux des élèves l'enseignement. À quoi cela sert d'apprendre à un jeune de CM1, qui peine à déchiffrer un texte, l'énoncé simple d'un problème ou qui a du mal à comprendre des expressions françaises, l'anglais et bientôt une seconde langue étrangère. À quoi cela sert de l'envoyer en TAP, faire des activités de "patronage" alors que des heures

complémentaires en français lui seraient plus profitables ? En ce qui concerne le collège, j'accompagne des collégiens en difficulté scolaire et je me pose la question "pourquoi vouloir à tout prix que tous les élèves suivent le même cursus ?" »

Aux yeux des parents, la différentiation de l'enseignement consiste aussi à proposer des méthodes pédagogiques plus vivantes, plus concrètes ou ludiques. Le recours aux ressources numériques est bien souvent cité comme un levier : « tous les enfants n'apprennent pas de la même façon. Certains sont plus manuels, d'autres plus théoriques ; il faut des méthodes adaptées à toutes ces façons d'apprendre ».

Personnaliser l'enseignement s'accompagne, aux yeux de certains, de la liberté de choix de l'établissement : il faudrait pouvoir décider de l'école ou du collège en fonction du type d'enseignement qui y est dispensé. Ce père rapporte ce qu'il considère comme une « difficulté pour choisir le bon établissement et donc le meilleur enseignement possible pour nos enfants ».

Pour un autre parent, la carte scolaire serait liberticide : « Les parents doivent avoir le choix des lycées et collèges pour leurs enfants. Tout autre voie est une privation de liberté. »

« Éduquer les jeunes à devenir des femmes et des hommes "debout" »

Dans le même esprit, de nombreuses contributions insistent sur le développement de « l'esprit critique ». Cette préoccupation est souvent évoquée à propos des médias et du foisonnement de l'information : « Développer l'esprit critique. Instruire les élèves à la lecture des médias (écrits, parlés, télévisés). » Savoir traiter l'information, la hiérarchiser, la comparer devient crucial à l'heure du tout-information.

Les parents souhaiteraient que l'école renforce la capacité des élèves à prendre du recul sur les faits et les opinions, à arbitrer entre le bien et le mal, à passer certains comportements ou certains discours au tamis de l'histoire : « Il faut plus éduquer les jeunes à devenir des femmes et des hommes "debout", qui sont capables de discerner ce qui est bon pour eux. » L'école doit en fait donner aux élèves les armes intellectuelles leur permettant de comprendre, comparer et débattre en citoyens éclairés.

« Une école bienveillante »

Nombreux sont les parents qui insistent sur la notion « d'école bienveillante ». Il s'agit de faire davantage de place au « développement des compétences sociales et émotionnelles de l'enfant ». Cela désigne à leurs yeux plusieurs éléments, qu'énumère avec exhaustivité ce parent :

« Permettre à l'enfant d'apprendre à son rythme (adapter sa pédagogie à chacun – laisser progresser et acquérir les connaissances selon le rythme véritable de l'enfant, y revenir plus tard). Faire de l'erreur non une honte mais un atout. Alterner les séquences de cours magistral et les "expériences sur le terrain", le cours magistral et la sortie dans le monde : musées, visite de témoins... Impliquer l'élève, susciter sa réflexion et son désir de découvrir. Permettre à l'enfant de s'épanouir à l'école. Être bienveillant envers les efforts. Positiver et mettre en valeur le travail de l'élève. Encourager. Mieux différencier l'enseignement pour l'adapter à chacun, construire un système d'évaluation qui incite à se corriger sans sanctionner et surtout développer le "plaisir d'apprendre". »

Le statut de l'erreur

Les parents sont aussi nombreux à réhabiliter « le droit à l'erreur ». Ils rejoignent en cela les constats de l'étude PISA, qui rappelle que les jeunes Français ont plus de mal que les autres à prendre le risque d'une erreur[1].

1. Nos élèves sont parmi les plus « frileux » lorsqu'il s'agit de donner une réponse dont ils ne sont pas certains. Dans ces enquêtes de l'OCDE, les commentateurs ont observé que les petits Français préféraient souvent laisser la question sans réponse plutôt que de se tromper quand d'autres élèves « faisaient le pari » de donner une réponse, au risque qu'elle s'avère

À ce sujet, les parents suggèrent de revoir le système de notation, auquel j'ai déjà fait allusion, et de laisser davantage de place à l'expression de l'élève. Ce parent ayant vécu et scolarisé ses enfants à l'étranger constate :

> « Le système éducatif français est très riche... la culture y est enseignée de façon intense, ce qui me plaît. Je constate surtout que ce système ne valorise pas l'enfant. On ne le congratule pas assez, voire pas du tout. On ne lui permet pas non plus de s'exprimer souvent à l'oral (discours, exposés etc.). »

Les parents insistent plus généralement sur la nécessité de transformer les méthodes d'enseignement, qui devraient à leurs yeux faire davantage place à l'essai-correction : « il faut pouvoir se tromper, recommencer jusqu'à ce que l'enfant comprenne de lui-même ». Certaines méthodes, comme une partie de la pédagogie dite Montessori, font une place plus grande à ces mécanismes. J'ai eu l'occasion d'observer ces expériences, qui m'ont paru intéressantes : le professeur, derrière l'élève, constatant une erreur, lui demande « es-tu

---

fausse. Ce constat n'a rien d'anecdotique. À travers cette retenue, les élèves de notre pays manifestent le fait que notre système éducatif est, moins que les autres, tolérant vis-à-vis de l'erreur.

sûr de ta réponse ? » jusqu'à ce que ce dernier corrige de lui-même, la plupart du temps en gratifiant l'enseignant d'un magnifique sourire, parce que son tâtonnement a été respecté. L'enfant est incité à se corriger sans que son échec soit sanctionné[1].

« Détecter la vocation de l'enfant »

S'il y a un sujet sur lequel j'ai recueilli de nombreuses contributions, c'est bien celui de l'orientation des élèves et de l'insertion professionnelle. Les parents jugent assez sévèrement le dispositif actuel :

> « Je trouve dommage que l'objectif de 80 % de bacheliers dans une tranche d'âge reste le leitmotiv. En tant que parent délégué, j'ai vu, quelquefois, des enfants de 5e qui n'attendaient qu'une chose : apprendre un métier manuel. »

Leur expérience de la vie professionnelle, parfois même leur statut de formateur dans des filières

1. J'aurai l'occasion de revenir sur les différentes méthodes d'enseignement et je ne souhaite pas ici promouvoir l'une plus que l'autre. Chacune d'entre elles comporte des atouts et des faiblesses et il revient aux enseignants et à leurs formateurs de construire leurs propres méthodes à partir de la connaissance de ces dernières. Par ailleurs, certaines méthodes sont exigeantes et nécessitent un encadrement très important des élèves.

professionnelles, les conduit à porter un regard parfois dur :

> « Je connais assez bien ces filières pour dénoncer, haut et fort, la très mauvaise orientation donnée par l'Éducation nationale. [...] Orienter un élève sans tenir compte de ses capacités tout au long de sa scolarité [...] ne contribue pas au développement, à la cohésion et à la "puissance" du pays. Elle forme, en revanche, de futurs(es) chômeurs(euses) ».

Ils rejoignent en cela le constat de nombreux rapports ayant, hélas, rappelé les très mauvaises performances des dispositifs d'orientation.

La dévalorisation de l'enseignement professionnel, et même de l'enseignement technologique, malgré les nombreux efforts qui ont été réalisés pour l'atténuer, reste également l'objet de multiples critiques. Comme l'exprime avec humour ce parent : « Quand on ouvre la radio ou la TV et que ce sujet est abordé, on a le sentiment qu'en France, réussir c'est faire "Sciences Po". On s'étonne ensuite que la France se désindustrialise ! »

Mais les parents ne manquent pas d'idées pour améliorer le système : « Une orientation vers des métiers d'avenir en lien avec les aspirations des enfants et, bien entendu, selon leur capacité. Le tout bien sûr [en tenant compte] des besoins des entreprises présents et futurs, afin d'anticiper. Ne plus former dans les métiers morts. »

Ils proposent que soient créés des dispositifs plus efficaces d'orientation qui s'appuieraient sur une détection précoce des talents et des compétences de l'enfant : « détecter la vocation de l'enfant pour mieux l'orienter ».

Ils sont également sensibles à la réversibilité des choix. Un jeune peut choisir une filière qui ne lui convient pas : il faut alors l'aider à trouver une autre voie dans laquelle il s'épanouira. Nombreux sont d'ailleurs les parents qui relatent la façon dont leur enfant a « rebondi » après un échec ou une erreur d'orientation : « mon fils a été envoyé en "pro" à la fin de la troisième. Ça ne lui plaisait pas du tout et il a abandonné au bout de deux mois. Mon mari et moi étions catastrophés. Mais ensuite il a été pris en seconde passerelle et a fait un bac techno STI2D. Il est heureux maintenant, en DUT, et premier de sa promo ! » C'est la raison pour laquelle ils suggèrent de renforcer les « passerelles » entre formations : « Permettre véritablement les passerelles entre l'enseignement général et professionnel (passer de l'un à l'autre sans ségrégation). »

Ils souhaitent enfin que soit renforcé le lien entre l'école et l'entreprise, les cursus scolaires, l'apprentissage et la vie active : « Créer des partenariats (financiers et de formations) entre les lycées pro et les entreprises. Permettre à ces partenariats de créer leur propre certification pour favoriser l'emploi des jeunes diplômés, des adultes en formation/reconversion. Faire du professeur pas seulement un évaluateur mais un initiateur de projets. Lui donner l'infrastructure dans l'établissement pour travailler à ces projets. »

« Rééquilibrer le balancier » entre école et numérique

Enfin, les parents ont manifesté un grand intérêt pour la question qui leur était posée sur la place respective des médias numériques et de l'école. Ils trouvent ces outils utiles et pensent qu'ils peuvent améliorer la relation entre les parents et l'école, rendre les cours plus attractifs, voire faciliter la différenciation des enseignements. Ils rêvent parfois d'une « école flexible intégrant les nouveaux médias et Internet », d'une « école dans et hors les murs ». Ils estiment aussi que « les nouveaux moyens numériques doivent permettre aux professeurs de réajuster leur pédagogie afin de donner envie d'apprendre ».

Mais ils sont aussi nombreux à attirer mon attention sur les risques que font courir ces technologies : « Il n'est pas possible d'ignorer la culture multimédia et ses usages. Mais se pose le problème de la sécurité » ; « Internet est une formidable source d'information, mais non structurée, parfois non vérifiée, où il est parfois plus facile de trouver ce que l'on ne cherche pas ». D'autres, très nombreux également, estiment que l'école doit rester un lieu préservé de ces technologies qui envahissent trop largement nos vies : « La connectivité à outrance nous déconnecte de nos fondamentaux sociaux. Le lien physique de l'école, lieu de rassemblement, d'amitié… est essentiel ! »

Certains considèrent même qu'il faut protéger les enfants de l'usage répété des écrans : « Les nouveaux médias n'ont pas leur place à l'école maternelle et primaire. Assez d'écrans ! »

Pour la majorité, la lecture des livres, la capacité à débattre et s'exprimer doivent primer sur l'usage du numérique : « Il est aussi important de leur apprendre à se concentrer sur un texte long écrit sur le support papier (livre), à s'exprimer, à débattre, donc à écouter. » Comme les enseignants, certains parents craignent que l'école ne subisse plus encore, à travers l'usage de ces médias, le « règne de l'immédiateté » et leur préfèrent les méthodes traditionnelles qui demandent du temps : « Se rappeler de quelque chose d'écrit est mieux assimilé. Les technologies numériques et leur aspect fugace n'ont pas la consistance des livres, ni des discussions et échanges verbaux dans les classes. »

Enfin, les parents reconnaissent largement l'importance de la place de l'enseignant dans l'apprentissage :

« Pour utiles qu'elles soient, les technologies de la communication ne sauraient remplacer le contact entre le maître et l'élève. Rien ne remplace un enseignant pour répondre dans l'immédiat aux questions des élèves. »

Ils soulignent également les inégalités sociales que pourrait favoriser une école faisant une trop grande place au numérique : « Tout le monde n'est pas capable d'apprendre seul face à un PC. L'enseignant a encore un rôle de transmetteur et de facilitateur à jouer ! » Le maître est aussi celui qui saura aider à « faire le tri » dans l'information donnée et à exercer son esprit critique.

« Redonner aux professeurs l'autorité pour faire régner la discipline »

Contrairement aux idées reçues, les parents qui insistent sur la discipline, la restauration de l'autorité à l'école et l'insécurité ne sont pas majoritaires. Mais ces sujets les préoccupent, bien évidemment : « la violence entre enfants et les incivilités se développent, dès l'élémentaire ». Dans les quartiers dits « difficiles » notamment, les tensions communautaires ou sociales entre adultes affectent les relations entre les élèves. En tant que maire de Bordeaux et président de la métropole bordelaise, je suis confronté à ces difficultés et je n'ignore pas qu'elles existent de façon bien plus aiguë en d'autres endroits du territoire. D'autant que les enseignants m'ont largement fait part de leur angoisse à ce sujet. Tout doit donc être mis en œuvre pour faire de l'école un lieu de totale sécurité et de paix.

Par quels moyens y parvenir ? Les parents ont spontanément répondu par des mesures destinées à rétablir l'autorité des enseignants : « plus d'autorité face aux petites fautes de tous les jours (papiers par terre, impolitesse, etc.) » ; « redonner aux professeurs l'autorité pour faire régner la discipline dans les écoles et surtout les collèges ». D'autres visent plus précisément les personnels de direction. Ainsi, ce parent indique : « Il est nécessaire de donner des responsabilités plus étendues aux directeurs d'écoles maternelles et élémentaires, avec un vrai statut. Les responsabilités sont trop diluées avec une ribambelle d'intervenants (directeurs, inspecteurs de l'Éducation nationale, inspecteurs d'académie, etc.). »

Ils souhaitent aussi que soit renforcée la discipline : « il faut que l'on réinstaure la discipline à l'école pour qu'il y ait plus de respect envers les enseignants et cela passe par la discipline à la maison (plus d'investissement des parents dans l'éducation de leurs enfants) ». Ils évoquent aussi la nécessité de durcir les sanctions disciplinaires, sous la forme de travaux d'intérêt général : « La sanction est taboue à l'Éducation nationale. La psychologie est certes importante mais ce n'est pas le seul outil. Il faut aussi donner des points de repère aux enfants. Le règlement de l'école doit être complet et prévoir des sanctions sous forme de tâches d'intérêt général (réparation si possible). »

Beaucoup insistent enfin sur la nécessaire cohérence entre l'éducation qu'ils donnent et les consignes de l'école. Ils déplorent parfois une certaine déconnexion, qui sape les fondements de leur propre autorité. S'ils ne l'attribuent pas au travail des enseignants, ils regrettent la présence dans les classes d'éléments qui offrent un « mauvais exemple », « d'éléments perturbateurs », dont le comportement incite les autres enfants à mettre en cause la discipline apprise en famille. Et insistent sur la nécessaire responsabilisation des autres parents : « Il ne faut pas trop demander à l'école. Je suis pour la responsabilisation des parents. »

On le voit : la consultation des parents est féconde, tant s'agissant des constats que des améliorations possibles. Elle constituera, comme celle des enseignants, une de mes principales sources d'inspiration.

3.

Libres paroles

Alain Bentolila
LA JUSTICE SCOLAIRE NE SE DÉCRÈTE PAS

Il fut un temps, pas si lointain, où la sélection était telle que l'on garantissait aux enseignants de leur « livrer » des classes, sinon homogènes, du moins raisonnablement hétérogènes : les « milieux de classe » étaient majoritaires et donnaient à l'ensemble une stabilité qui permettait d'avancer sans trop de chaos. Une majorité d'élèves partageaient alors une certaine idée de l'école et étaient convaincus de la nécessité d'y venir. L'école était considérée comme un lieu particulier. On s'y comportait de façon particulière. On en acceptait les règles, on se soumettait à ses rituels par crainte plus que par plaisir, mais sans exaspération. En bref, les élèves, qui entraient en très petit nombre en sixième, possédaient les rudiments de leurs métiers d'élèves, acquéraient une culture et des savoirs communs, certes assez stéréotypés et rigides, mais qui constituaient des repères partagés et des signes de reconnaissance endogènes. Ajoutons enfin que la régularité des contrôles et l'exigence des examens imposaient aux programmes la clarté et la pérennité qu'ils n'ont plus aujourd'hui. L'école assurait alors sans état d'âme sa fonction de reproduction sociale ; quelques parcours exceptionnels de promotion sociale en atténuaient la dureté. Ils faisaient la légende de l'école républicaine.

Il fallait que la barrière d'une sélection injuste et cruelle se levât et elle fut levée ! Mais, malheureusement, sans beaucoup de réflexion et sans réelle vision. Un nombre considérable d'enfants, auparavant écartés, se sont donc trouvés précipités dans un système qui n'était pas conçu pour eux. Le filtre culturel et social ayant été retiré, l'école s'est trouvée mise au défi d'instruire des enfants de moins en moins éduqués : de l'école, on leur avait donné des représentations confuses et parfois négatives ; du langage, ils n'avaient acquis qu'une maîtrise très approximative ; en guise de repères culturels, très vite, ils n'ont eu que l'éclairage glauque d'une télévision de plus en plus débile ; quant à la médiation familiale, ils n'en connaissaient souvent que le silence, l'indifférence et, parfois, la violence. Ces « nouveaux écoliers » ont posé, année après année, à un système scolaire figé, un problème dont la gravité n'a fait que croître jusqu'à menacer son intégrité et effacer sa mission essentielle : la même ambition pour tous. Ils se sont ainsi enfoncés, année après année, dans le long couloir de l'illettrisme. L'école primaire les maintient en survie sans vraiment parvenir à les remettre à niveau ; le collège les achève. Il y a là comme une espèce de scandale. Ils ont toujours été en retard sur les compétences affichées. Ils ont souffert d'un déficit et d'une rigidité de langage à cinq ans ; ils ont acquis quelques aptitudes au décodage des mots à huit ans alors qu'il convenait de comprendre des textes simples ; ils sont difficilement parvenus à repérer quelques informations ponctuelles à douze ans quand on attendait qu'ils soient des lecteurs autonomes et polyvalents. Ils ont très tôt endossé le costume de l'échec et ne l'ont plus quitté. Ils échoueront (aux deux sens du terme) sur les rivages, hélas déshonorants, de la formation professionnelle.

Parents et enseignants ont depuis longtemps compris qu'on leur mentait. Ils savent que la démocratisation de l'école ne se décrète pas à court terme ; elle n'obéit pas aux contingences d'une charge ministérielle ou d'un mandat présidentiel ; elle se construit pierre après pierre avec volonté et courage politiques sur l'échelle historique du temps. Ils ne croient plus depuis longtemps aux remèdes-miracles et aux grands-messes coûteuses et inutiles qui d'Assises en États-généraux et… en Refondation ont tenté depuis des années de leur donner l'illusion que l'on sauvait l'école tous les deux ans. Ils ne se laisseront donc plus enrôler dans une nouvelle guérilla idéologique. Ils refuseront de choisir entre deux camps qui s'accusent l'un et l'autre d'être les fossoyeurs de l'éducation. Ils savent que l'éducation n'est ni de droite ni de gauche, qu'elle est juste ou inique, généreuse ou cruelle. Ces parents, ces enseignants déçus mais pas encore désespérés attendent qu'on leur dise ce que l'on compte faire dès l'enfance pour que le destin scolaire de leurs enfants ne soit pas abîmé ! Ils veulent que leur soit assuré un socle solide de savoirs fondamentaux sans lequel il n'y a pas de citoyenneté ; ils exigent enfin que l'orientation professionnelle de chaque élève soit choisie et non pas honteusement imposée.

Le véritable courage politique serait d'abord de reconnaître que certains enfants arrivent aux portes de l'école primaire avec un comportement de langage incompatible avec une entrée réussie dans le monde de l'écrit. Ni autistes, ni aphasiques, ni malentendants, de familles francophones pour la plupart, ce sont des enfants pour qui parler constitue plutôt une menace qu'une promesse. En mal de vocabulaire, en incapacité d'organisation syntaxique, ils sont promis à mal apprendre à lire et encore plus mal à écrire. Ces enfants ont besoin d'être accompagnés patiemment et longuement dès la maternelle. Ne leur conviennent ni diagnostic médical, ni soutiens ponctuels, ni classe-ghetto. On leur doit une médiation attentive, éclairée et exigeante que seul un dédoublement des classes de maternelle et de CP peut autoriser. On leur doit une compétence pédagogique que seule la mise en place d'une formation spécifique des maîtres de ces classes peut instaurer. On leur doit enfin une évaluation lucide des compétences de chacun, en amont du CP, pour garantir leurs chances d'apprendre à lire et à écrire.

Le passage au collège est aujourd'hui à la fois complaisant et cruel. Faut-il alors rétablir l'examen de sixième ? Non bien sûr ! Mais pour autant, peut-on accepter que 20 % des collégiens soient promis à l'échec scolaire et social dès la sixième ? Non, cent fois non ! Il nous faut donc revoir en profondeur l'articulation entre le CM2 et la sixième afin de tenir l'engagement d'assurer à tous les élèves à l'entrée au collège l'ensemble des savoirs et des savoir-faire sans lesquels la suite des études devient un calvaire ou une supercherie. Bien en amont du collège (en CM2, mois de février), il est donc nécessaire de vérifier avec vigilance si tous les élèves possèdent la capacité de lire avec polyvalence, autonomie et endurance, celle d'expliquer et d'argumenter à l'oral, celle de mettre avec précision sa pensée en mots écrits. On devra en outre s'assurer de l'acquisition d'un esprit scientifique, du talent à lier la manipulation à la réflexion, et enfin, de la possession d'une base minimum de culture commune. Cette vérification devra être exigeante mais ne saurait être un instrument d'exclusion ni de redoublement systématique. Elle servira à identifier la nature des difficultés et ouvrir à un temps suffisant (cinq mois) de remise à niveau personnalisée.

Enfin, dans ce collège commun, il faudra que les activités techniques et technologiques occupent pour tous les élèves, sans aucune exception, une place égale à celle des disciplines dites générales. Tous seront ainsi jugés avec autant de rigueur et d'exigence pour leur capacité à expliquer un texte littéraire que pour leur talent à construire un circuit électrique ou à fabriquer un objet. En bref, il faudra que nous construisions un collège commun qui, appuyé sur une base vérifiée de savoirs fondamentaux, pose, aux yeux de tous, l'absolue nécessité de l'équilibre entre la main et la tête. Un collège où l'on apprendra à laisser sur le monde une trace singulière contrôlée par une intelligence singulière. Un collège où il ne sera, ni « ringard » de penser, ni honteux d'agir.

Docteur Boris Cyrulnik

POURQUOI L'ENFANCE PRÉ-VERBALE ?

Les découvertes récentes en neurobiologie, en neuro-imagerie et en linguistique soulignent l'extrême importance du développement pré-verbal chez le petit enfant.

L'accès à la langue maternelle se fait, quelle que soit la culture, entre le 20e et le 30e mois. Pendant cette période sensible de dix mois, tout enfant acquiert 3 000 mots, le sens de la grammaire, les exceptions aux règles et l'accent, qui est une mémoire du corps difficile à oublier.

Une altération du milieu, lors de cette période sensible neurologique, provoque une difficulté d'acquisition du langage qui deviendra source de troubles relationnels et affectifs.

Cette acquisition explosive du langage n'est possible que si, auparavant, la niche affective qui entoure un petit enfant a été stable et structurée. Le développement cérébral qui prépare à cette aptitude dépend de la transaction entre l'équipement génétique et l'organisation du milieu.

Les travaux très récents sur l'épigénèse démontrent comment une bandelette ADN s'exprime différemment selon les pressions du milieu. Les dosages des métabolismes neurobiologiques et les morphologies variables prouvent que l'expression d'un même patrimoine génétique dépend de l'organisation du milieu. Or, nous pouvons agir sur le milieu, qui façonne les développements cérébraux et donne à l'enfant la possibilité d'acquérir un langage qui permettra d'exprimer son affectivité et d'apprendre les jeux et rituels socialisants.

Ce façonnement commence dès les derniers mois de la grossesse. Les bébés de mères stressées par la guerre, la précarité sociale ou la violence conjugale arrivent au monde avec des altérations cognitives facilement dosables en neuro-biologie et photographiables en neuro-imagerie. Ces altérations sont résiliables si l'on parvient à sécuriser la mère ou si l'on propose au nouveau-né une niche affective de substitution. La reprise d'un bon développement sera d'autant plus facile et efficace que l'intervention aura été précoce. Cet important facteur de résilience dépend essentiellement de décisions éducatives et d'organisations sociales.

Lorsque la mère et l'enfant sont abandonnés, l'isolement sensoriel prive le nouveau-né des tuteurs de développement biologiques, affectifs et psychologiques, sans lesquels il ne peut pas se développer.

L'isolement affectif des premiers mois constitue la pire agression neurologique : l'atrophie des lobes préfrontaux, qui ne sont plus stimulés, ne permet pas à l'enfant d'anticiper et de maîtriser ses émotions. Un enfant isolé ou se développant mal dans une niche affective appauvrie par le malheur de la mère aura acquis une vulnérabilité neuro-émotionnelle. Cette défaillance va altérer ses relations et ses apprentissages ultérieurs.

Dans une population générale, à l'âge de 10 mois, 66 % des enfants ont acquis un attachement sécure. La stabilité des relations affectives a circuité leur cerveau et imprégné dans leur mémoire biologique un style relationnel, une recherche de contact grâce au babil, au sourire, et par les offrandes alimentaires. En cas d'alerte ou de petits chagrins, ces enfants sont en attente et en recherche de relations sécurisantes. Le chiffre est étonnamment constant, même dans les pays en guerre quand la mère sécurisée par son mari et sa famille demeure elle-même sécurisante.

En revanche, dans toute population générale, 33 % des enfants acquièrent un attachement insécure. Ces bébés effrayés sont distants, en retrait ou ambivalents. Ils agressent les adultes qu'ils aiment, parfois même ils sont confus, rendant les soins difficiles parce qu'on ne comprend pas ce qu'ils expriment. Ces styles d'attachement qui facilitent ou entravent les relations restent malléables lors des petites années. Ils sont sous l'influence du foyer familial ou de l'organisation des crèches et de la formation des professionnels de la petite enfance.

Lors du premier jour d'école, tous les enfants insécures qui n'ont pas acquis la maîtrise émotionnelle d'un cerveau bien circuité et d'une parole maîtrisée manifestent un petit syndrome psychotraumatique : énurésie, encoprésie, colères, refus alimentaires, troubles du sommeil. Ils composeront la population des enfants effrayés par l'école, agressés par leur propre maladresse relationnelle et humiliés par leur difficulté à comprendre. Alors que les enfants sécures vont presque tous éprouver l'école comme un jeu, une aventure excitante et fourniront la population de bons élèves. Le fondement affectif de ces performances intellectuelles confirme que, plus une orientation est précoce, plus elle renforce l'injustice sociale.

Les pays d'Europe du Nord, l'Allemagne, la Pologne et peut-être le Brésil ont réformé la prise en charge de l'enfance pré-verbale, en tenant compte de ces découvertes scientifiques. En France, où l'on n'en a pas tenu compte, les enfants effrayés par l'école la détestent et compromettent le plaisir d'apprendre en classe. Aux évaluations PISA, l'école française est mal classée (27ᵉ sur 40 en littérature, 19ᵉ sur 30 en sciences). Malgré les efforts des enseignants et les aides sociales, il y a de moins en moins d'enfants de pauvres dans les études supérieures.

Les politiques éducatives qui ont obtenu les meilleurs résultats ont :

– Développé les métiers de la petite enfance.

– Enseigné les théories de l'attachement qui conviennent aux praticiens.

– Retardé l'entrée à l'école.

– Retardé la notation.

– Diversifié les passerelles de l'enseignement.

– Valorisé la formation continue.

Les politiques ont évalué « le retour sur investissement » :

– Le nombre d'illettrés a énormément chuté car le ralentissement du sprint scolaire a facilité les rattrapages.

– Les troubles relationnels ont fortement régressé.

– Le taux des suicides à l'adolescence a diminué de 40 % en dix ans.

– Les évaluations des résultats scolaires au classement PISA ont révélé une nette amélioration.

D'après l'OMS, les « malpartis dans l'existence » coûtent très cher à la société. La Cour des comptes a évalué le coût direct de l'aide sociale à l'enfance à 6 milliards d'euros. Mais avec les surcoûts induits (santé, justice), il est probable que l'enfance malheureuse coûte plus de 10 milliards d'euros par an à la société.

L'enjeu de l'enfance pré-verbale est donc majeur, tant pour le développement des enfants, le bien-être familial et les résultats scolaires, que pour le coût social.

Yves Quéré
Membre de l'Institut

DOIT-ON APPRENDRE LA SCIENCE AUX ENFANTS ?

La question est légitime.

« Non », pourra-t-on répondre. L'essentiel, pour les enfants, étant – qui le nierait ? – d'apprendre à maîtriser correctement la langue, « ne leur faisons pas perdre de temps avec une matière dont, en proportion massive, ils n'auront pas d'usage plus tard ». Qu'ils l'abordent au collège ou au lycée sera bien suffisant. De toutes façons, ne peut-on pas vivre avec bonheur, et aussi avec dignité, sans connaître la loi d'Ohm ou le principe de la photosynthèse ? D'ailleurs, la science ne constitue-t-elle pas une zone close – presque un ghetto – de l'activité humaine ? Et n'avait-il pas raison, cet ambassadeur de France qui, au cours d'une réception dans sa résidence, s'approchant de moi, coupe de champagne à la main (« Vous êtes scientifique, je crois ? »), m'avait déclaré de but en blanc : « Ah c'est beau, la science ! » Petit silence, puis : « Vous savez, moi j'ai tout oublié de ce que j'ai appris dans ce domaine au lycée. » Rire. « Mais, après tout, ce n'est pas bien grave puisque ce qui compte, pour un métier comme le mien, c'est la culture ? »

Aussi était-elle légitime, la question que nous avait posée en 1995 le ministre de l'Éducation nationale, François Bayrou, à qui Georges Charpak, Pierre Léna et moi-même proposions – sous le nom de *La main à la pâte* – une rénovation de cet enseignement à l'école primaire, enseignement qui avait à l'époque pratiquement disparu. « Très bien, mais pourquoi voulez-vous qu'on enseigne la science aux enfants ? Et si oui, comment préconisez-vous qu'on le fasse ? » À quoi nous avions en substance donné les réponses qui suivent, réponses qui avaient à l'époque convaincu le ministre et qui valent aujourd'hui tout autant.

Pourquoi ? Pour familiariser l'enfant avec le monde : les objets, les phénomènes, la vie.

Qui niera qu'il est bon et parfois vital que l'enfant, et l'adulte qu'il deviendra, vivent en minimale connaissance du monde matériel qui les entoure ? On se rappellera l'histoire de Tilly Smith, 10 ans, fillette du Surrey. Elle avait appris – leçon de science dans son école – ce qu'est un tsunami et, voyant lors de ce sinistre 26 décembre 2004 sur une plage thaïlandaise la mer se retirer, avait crié un Sauve-qui-peut ! qui avait en effet sauvé la vie à la centaine de touristes qui se trouvaient là. Et l'on se rappellera, par antinomie, ces malheureux Haïtiens qui, sentant les premiers signes du tremblement de terre de 2010, s'étaient – ignorants qu'ils étaient d'un savoir élémentaire – précipités dans leurs maisons pour se rapprocher, devant le danger, de l'âme de leurs ancêtres, les écroulements ayant alors décuplé le nombre des victimes.

L'enfant doit ainsi apprendre – par cœur s'il le faut – des vérités qu'il doit recevoir d'un maître : que la terre est ronde et qu'elle tourne ; que des forces existent dans la nature qui attirent ou repoussent les objets les uns par rapport aux autres ; que le sang circule dans le corps et comment il circule ; que les arbres prennent leur matière (le bois, les feuilles...) de l'air et non du sol ; que la lune est à une seconde/lumière de la terre et le soleil à 8 minutes, etc. Et qu'il doit tout autant apprendre à observer le monde par lui-même, concrètement, à s'interroger à son sujet, et à formuler des hypothèses, qu'une expérience simple confortera ou plus probablement démentira, lui donnant dans les deux cas accès à une certaine forme de la vérité.

Pourquoi ? Pour faire entrer l'enfant dans le cycle de la compréhension et du raisonnement.

Au-delà d'une souhaitable familiarité avec les choses d'alentour, qui est la marque première de la science, enseigner celle-ci aux enfants porte une ambition bien plus grande : celle de les conduire, en lien fort avec la formation aux mathématiques, sur les chemins d'une pensée construite, empreinte d'imagination et de raison, sur quoi se fonde la « démarche d'investigation » (*La main à la pâte*, ou IBSE, *Inquiry Based Science Education*), celle que nous avions proposée au ministre :

– si les enfants apprennent la science, non en la lisant passivement sur un tableau ou dans un livre, mais en la pratiquant eux-mêmes, de leur cerveau et de leurs mains, au cœur de leurs questions, alors développe-t-on chez eux une curiosité que l'on doit stimuler car elle constitue la condition à la fois de l'ouverture au monde et de l'inventivité ;

– s'ils opèrent, lors d'une expérience simple, une séparation rigoureuse des paramètres pertinents du phénomène étudié (le « toutes choses égales par ailleurs » dont chacun se gargarise mais que bien peu pratiquent), ils se préparent – pour leur avenir d'adultes – à savoir que tout événement complexe, sociétal ou autre, doit être analysé avec cette même rigueur et, au minimum, à s'interroger sur la validité de ce qu'on leur énonce, souvent à la légère, quant aux causes dudit événement et aux mobiles ou aux responsabilités de ses protagonistes ;

– s'ils effectuent ces expériences en petits groupes, alors se familiarisent-ils au travail en équipe, à la nécessité d'écouter les autres, leurs hypothèses, leurs arguments…, d'y adhérer ou de s'y opposer suivant ce que les données recueillies suggèrent, suivant donc le fragment de vérité du monde que la nature vient de leur révéler ;

– s'ils sont invités à s'exprimer, écrit ou oral, sur la petite aventure intellectuelle et manuelle qu'en classe ils viennent de vivre, le choix des mots (pas « l'arbre », mais « le mélèze », « le pin »...), celui des connecteurs (or, donc, en effet, parce que..), la construction de la phrase (familiarité, entre autres, avec le principe de causalité)... participent au plus haut point à leur maîtrise du langage. Et leur inculquent – certes parmi d'autres disciplines mais, ici, de constitutive obligation – les premières briques de la logique et, ainsi, les premières bribes du raisonnement.

Comment ? En sorte que l'enfant apprenne la science en la faisant.

Pour enseigner la science, deux façons de procéder, sans compter toutes celles, innombrables, qui en sont des hybrides.

La plus classique, rappelée plus haut, consiste à énoncer aux enfants ce que l'on veut qu'ils sachent. Si l'on souhaite qu'ils connaissent le nom des planètes, on ne voit pas comment l'on pourrait faire autrement qu'en les leur énonçant – sans doute dans l'ordre de leur distance au soleil – puis en exigeant d'eux qu'ils les mémorisent.

Le principe de *La main à la pâte* est profondément différent sans que, bien sûr, sa mise en pratique interdise la façon de faire précédente. Tout dépendra ici de la matière traitée qui se prête, ou non, à l'une ou à l'autre des procédures.

Une leçon « Main à la pâte » sera, en substance, conduite comme suit.

i) On partira d'une question des enfants, façon de stimuler chez eux la curiosité – cette empathie, ou ce soin (latin : *cura* ; anglais : *care*) que l'on porte à la nature, étymologie qui associe la curiosité à une saine écologie – et plus encore leur capacité à expliciter leur interrogation ou leur étonnement devant la classe en termes clairs, et compréhensibles par chacun.

ii) La question étant adoptée comme point de départ, la classe sera conviée à tenter d'y répondre en pure imagination – capacité que nous avons, plus ou moins grande, de nous fabriquer une image de ce qui est caché derrière le mur, celui de notre ignorance. Les hypothèses, souvent naïves, généralement fausses, seront notées par le maître de manière neutre : à ce niveau, sauf absurdité inepte, elles sont recevables.

iii) Une expérience est alors installée, généralement par petites tables de 4-6 enfants. Elle va mettre en relief l'habileté manuelle et/ou l'astuce expérimentale de certains (ce sont parfois de moins « bons » élèves, qui se révèlent ainsi devant les autres) et donnera en principe la réponse à la question posée. Le juge de paix – ici la nature – ayant parlé, chaque enfant pourra – avec modestie pour tous ceux qui s'étaient trompés – « classer l'affaire » en ceci qu'ils auront appris là une vérité de la nature, acquis une miette de science et, parfois, touché au sentiment de la découverte.

iv) Le temps est alors venu, pour chaque enfant, de rédiger la petite aventure, intellectuelle et manuelle, qu'il vient de vivre. C'est peut-être là le moment le plus important de la séance. En effet, il va devoir composer des phrases aussi robustes qu'ont pu l'être la conception et la réalisation de l'expérience, des phrases dont une structure logique soutienne le sens, comme il a été dit plus haut. Certes, la science n'est pas le seul domaine qui requière une langue riche et rigoureuse, mais elle y aide d'une manière qui lui est très spécifique. On se reportera ici à A. Bentolila et Y. Quéré, *Langue et science* (Plon).

On aura remarqué que cette progression correspond, en modèle ultra-réduit, à celle qui prévaut dans les laboratoires : une initiale question que se pose la communauté, puis une hypothèse faite à ce sujet, puis une expérience (ou une théorie) qu'on espère décisive, le tout se terminant par la rédaction d'un article dans une revue scientifique.

Comment ? En sorte que les professeurs soient formés et aidés.

On le devine, le bon déroulement du scénario cidessus décrit suppose un encadrement d'excellente qualité. Le maître ou la maîtresse ont à piloter – discrètement – l'ensemble, choisissant au départ une question qui se prête à une expérience simple, compréhensible par tous, ne nécessitant en particulier aucun appareillage complexe. Et dans la suite, ils devront veiller à ce que, au-delà de la libre expression des hypothèses, le tout se déroule dans l'esprit de la construction d'un savoir. C'est à la formation des maîtres dans ce domaine qu'œuvre la Fondation de *La Main à la pâte* (fondation-lamap.org), notamment par la création de « Maisons pour la science » dans un certain nombre d'académies (9 actuellement, en 2015).

Il y a plus. À l'origine de *La main à la pâte*, se situe un événement de grande portée : le vote à l'unanimité, en 1996, par l'Académie des sciences, d'une motion de soutien à l'opération. Ce vote affichait clairement l'engagement de la communauté scientifique aux côtés des professeurs d'école, geste symboliquement fort et, en soi, profondément nouveau. Bientôt, ce seront des centaines de chercheurs, des milliers d'étudiants en science et des ingénieurs qui vont apporter leur contribution, non pas bien sûr en allant enseigner dans les écoles, mais en aidant le professeur à le faire. De même était créé, dès 1997, un site Internet substantiel œuvrant dans le même but, tandis que de nombreuses sessions de formation se mettaient en place, beaucoup d'entre elles grâce à la Fondation des Treilles.

Comment ? En sorte que l'enfant connaisse la joie d'apprendre.

Quiconque a visité une classe travaillant comme il vient d'être dit est frappé par l'ardeur que les enfants, dans leur grande majorité, y mettent. On le voit, entre autres, lorsque le maître, frappant dans ses mains, annonce la récréation et demande aux enfants de quitter la salle et d'aller dans la cour, et que ceux-ci s'agitent et s'insurgent : « Non, maître, on n'a pas fini ! »

Certains ont vu dans *La main à la pâte* une manière de distraire les enfants, « une chose (*sic*) amusante... ludique », a écrit un ancien ministre, confondant curieusement l'attrait du jeu avec la joie d'apprendre et l'étonnement de découvrir. Étonnement de l'enfant de constater qu'un glaçon fond moins vite dans de la laine (alors qu'il l'associe à la chaleur) que dans une feuille d'aluminium (qu'il associe au froid) et joie de comprendre pourquoi. Stupéfaction de ces petits Bretons qui découvrent que le coco de Paimpol, un haricot AOC des Côtes d'Armor, pousse plus vite dans l'obscurité qu'à la lumière lorsqu'on fait alterner ces deux conditions extérieures, « toutes autres choses étant égales par ailleurs » ; et joie intense, et tout autant fierté, de l'apprendre à moi, visiteur étonné et incrédule. Joie de découvrir que l'eau colorée du vase monte par capillarité dans la tige d'une marguerite jusqu'à en colorer les pétales. Joie de démêler les « paramètres » d'un phénomène – le battement d'un pendule – et étonnement de découvrir que celui qui l'emporte sur les autres est la longueur du fil et non la masse du poids suspendu, à quoi la plupart s'attendaient, ou l'angle de lancer. Joie de refaire, sur de petites flûtes (tubes sciés à bonnes dimensions), les expériences attribuées à Pythagore (sur des gongs), de découvrir ainsi l'octave et la quinte et de réaliser là l'étonnante faculté de l'oreille, c'est-à-dire du cerveau, de ressentir une satisfaction directement liée aux rapports simples 1/2 ou 2/3. Joie, intense, de participer à des séances de travail mettant en jeu des enfants d'une vingtaine de pays francophones, mesurant ensemble le rayon de la terre par la méthode d'Ératosthène (fondée sur les ombres de piquets verticaux, ombres dont on mesure la longueur), reliés entre eux par Internet et déterminant ce rayon à 5 % près.

Des jeux que tout cela ? Non, mais infiniment mieux : quelques facettes du meilleur cadeau que l'on puisse offrir aux enfants, la joie d'apprendre (cf. Y. Quéré, *Doubles croches*, Le Pommier).

Comment ? En sorte que l'enfant vive au grand large.

Ce fut pour nous une intense satisfaction de voir se développer ces idées et ces pratiques bien au-delà de nos frontières et d'entendre l'expression « La main à la pâte », prononciations variées, dans toute l'Amérique latine, en Chine, en Égypte, au Soudan, en Afghanistan, au Vietnam… comme en Californie, au Texas, en Suède ou en Allemagne… La position de l'auteur de ces lignes à la présidence de l'IAP[1] avait largement facilité cette expansion.

1. L'IAP (Inter Academy Panel) est l'Assemblée des Académies des sciences de par le monde.

Certes nous n'étions pas les seuls à propager ces pratiques : de très belles expériences avaient lieu en même temps en Australie ou aux États-Unis (*hands on*), mais chacune relativement isolée. Se créa bientôt un mouvement mondial, fait de rencontres, d'échanges, d'informations croisées, de conférences internationales, qui mettent désormais en présence une cinquantaine de pays, où certaines des idées présentées ci-dessus se sont répandues. Ainsi de la contribution des communautés scientifiques (notamment les académies, incitées par l'IAP) ou de la primauté de l'expérimentation.

Il va de soi que cette internationalisation bénéficie du fait que la science est – comme la musique – universelle : les enfants de Munich et ceux de Montevideo voient un objet tomber, et les oiseaux voler, de la même façon. Cette universalité du fait scientifique n'a aucune raison, Dieu merci, d'uniformiser les cultures mais elle donne à l'enfant le sentiment d'habiter un monde marqué par une unité radicale. Un monde où de la vérité existe, directement détectable à qui sait observer.

Pourquoi et comment ? En guise de conclusion.

Une introduction précoce des enfants aux sciences de la nature, menée en lien fort avec les mathématiques, a tout pour structurer durablement leur esprit en développant en eux, concrètement, le sens du réel (contre les virtualités), le goût de la vérité (contre la confusion mentale), la faculté de modestie (contre l'arrogance), le don d'imagination (contre la platitude), l'esprit de liberté (contre l'inertie) et l'ouverture sur le monde (contre l'étroitesse d'esprit).

Si la science est prise, à ce niveau encore élémentaire, comme une description rigoureuse (plutôt que comme une explication) du monde, elle ne peut que renforcer la cohérence mentale des enfants, les contraindre à un minimum de rigueur d'esprit et, de là, les accompagner dans leur maîtrise de la langue et donc aussi dans leur insertion sociale, confortant leur tolérance et leur faculté à vivre ensemble. Ainsi, ces enfants éviteront-ils de commettre la bourde de l'ambassadeur : eux, contrairement à lui, auront compris que la science n'est pas un lieu exclu de la culture mais qu'elle en est, en réalité, un continent immense et superbe.

On se reportera à :

– Georges Charpak, Pierre Léna, Yves Quéré, *L'Enfant et la Science*, Odile Jacob, 2005.

– Yves Quéré, *Doubles croches*, Le Pommier, 2010.

– Pierre Léna, *Enseigner, c'est espérer*, Le Pommier, 2012.

– Alain Bentolila, Yves Quéré, *Langue et Science, deux sœurs jumelles*, Plon, 2014.

– Elena Pasquinelli, *Du labo à l'école : science et apprentissage*, Le Pommier, 2014.

Entretien avec Jérôme Saltet[1]

Jérôme Saltet : Vous avez choisi de démarrer une série de livres autour de votre projet par la thématique de l'éducation. Pourquoi ce sujet plutôt que l'économie par exemple ? Précisons que vous avez appelé l'éducation la « mère des réformes »...

1. Jérôme Saltet a co-créé l'entreprise Play-Bac en 1985 et co-inventé les Incollables, l'un des jeux éducatifs les plus vendus au monde. Il est l'un des créateurs de *Mon quotidien,* le premier journal quotidien pour enfants en Europe. Il est très investi dans les réflexions sur l'éducation et le developpement d'un changement de système éducatif. Il est aujourd'hui porteur d'un projet à but non lucratif de Play-Bac visant à créer un collège très innovant. Il est aussi l'auteur de plusieurs livres sur l'éducation dont *Changer le collège, c'est possible* et *Apprendre à apprendre.*

Alain Juppé : J'ai utilisé cette formule pour montrer qu'à mes yeux tout se joue à l'école. On pourrait me rétorquer qu'il y a de très mauvais élèves qui ont connu ensuite de belles réussites… Je pense que ce n'est pas le cas le plus fréquent. Ce qui se joue à l'école est décisif. Tout d'abord, pour le bon épanouissement de nos enfants. Mais aussi pour la société elle-même, parce que c'est là que se constitue le bien commun. Enfin, l'école joue un rôle essentiel dans le rayonnement de notre pays, sa place dans le monde.

La première mission de l'école est de former le jugement des enfants, leur esprit critique. Nous vivons dans un monde où nous sommes submergés d'informations de toutes sortes, où nous sommes en permanence sous la pression de l'immédiateté, de l'instantanéité. Il faut réagir sur tout et à propos de tout, sans prendre le temps de réfléchir… L'école est là pour apprendre à lire, écrire, compter, raisonner, essayer d'acquérir cette distance, ce recul, cette réflexion qui forment le jugement et l'esprit critique. Souvenons-nous de Montaigne : une tête doit être bien faite avant d'être bien pleine. Cela me paraît être la mission prioritaire de l'école.

Sa deuxième mission est la transmission du savoir, à commencer par les connaissances de base, sans lesquelles aucune instruction, ni plus tard aucune vie normale n'est possible.

La troisième est l'acquisition de valeurs communes. Ce qui fait le lien entre nous, c'est le bien commun. Nous sommes divers, nous venons d'horizons différents. Je suis de ceux qui pensent qu'on ne peut pas gommer les origines, ni les nier, à condition, bien sûr, de se retrouver sur un certain nombre de valeurs qui nous permettent de vivre ensemble. Ces valeurs, ce sont celles de la République, de la démocratie, des droits de l'homme et de la laïcité. C'est la mission de l'école de les transmettre. Y a-t-il tâche plus belle que d'apprendre à être libres, à saisir l'exigence de l'égalité des droits, à découvrir la tolérance et le respect d'autrui qui fondent la fraternité ? L'école pose les fondements de l'art de vivre ensemble, ce que j'ai appelé « l'identité heureuse ». Même si cette formule m'a valu beaucoup de critiques, je ne désespère pas de construire entre les Français une identité qui leur permette de s'épanouir dans la compréhension mutuelle.

La quatrième responsabilité de l'école consiste, le moment venu, à préparer les jeunes à leur future insertion professionnelle, à les orienter vers une formation qui leur assure les meilleures chances pour trouver du travail – un travail qui les rende heureux.

Enfin, l'école est le lieu où se prépare ce qui doit permettre le rayonnement de la France – et par là, j'entends sa culture, sa créativité, son innovation, sa science, sa capacité à être présente dans le monde par son excellence dans tous ces domaines. Voilà pourquoi c'est la mère des réformes.

Je suis stupéfait de voir l'indifférence avec laquelle la France accueille depuis quinze ans les résultats des enquêtes PISA, qui montrent un constant décrochage de notre système. Au contraire de nous, l'Allemagne et la Pologne par exemple ont engagé les réformes nécessaires pour remonter dans les classements et elles y sont parvenues. Nous sommes presque restés indifférents. C'est contre cette attitude aussi que j'ai décidé de me dresser. Je veux que mon pays redevienne fier de son éducation, comme il l'a été si longtemps.

JS : On pourrait vous objecter que la lutte contre le chômage est plus importante.

AJ : Aujourd'hui, près de 150 000 jeunes sortent de l'enseignement secondaire sans aucun diplôme. C'est en mettant l'école en condition de remplir sa mission – c'est-à-dire d'éviter l'échec scolaire – qu'on peut contribuer à la résorption du chômage. De la même façon, si 50 % d'étudiants échouent au bout de trois années d'études universitaires et n'obtiennent aucun diplôme, c'est parce qu'il y a échec de l'école – et par conséquent, échec de l'insertion dans la vie professionnelle. Lorsque je vais à la rencontre des jeunes, j'entends parfois qu'un diplôme ne donne pas plus de chances d'avoir un emploi que de ne pas en avoir. Rien n'est moins vrai. Il existe quelques exemples exceptionnels, mais dans l'ensemble, on se débrouille mieux avec un diplôme que sans.

Je rappelle que le taux de chômage un à quatre ans après la fin de la formation initiale est de 10 % pour les jeunes diplômés de l'enseignement supérieur, contre 25 % pour ceux ayant un CAP et 49 % pour ceux possédant le brevet des collèges ou n'ayant aucun diplôme.

On le voit : le rôle de l'école est fondamental dans ce domaine.

JS : Quelles sont vos principales orientations ?

AJ : La réforme de l'Éducation nationale est une entreprise qui prendra beaucoup de temps. Elle ne peut pas être menée de façon expéditive. Si on veut la réussir, il faut qu'elle soit préparée, comprise et engagée avec et par ceux qui en sont les acteurs – c'est-à-dire les enseignants et les parents… C'est un travail d'au moins cinq ans. Mais bien sûr, il y aura des leviers à faire jouer prioritairement pour engager de manière déterminée et visible par tous ce grand chantier.

Le premier concerne le début du cursus scolaire. Deux chiffres m'ont beaucoup impressionné au cours du travail que j'ai mené avec différents experts : à l'entrée en maternelle, certains enfants ont 600 mots de vocabulaire ; d'autres trois ou quatre fois plus. J'ai la conviction que c'est dès cet âge que nous pouvons être le plus efficaces pour lutter contre les déterminismes sociaux et enrayer l'échec scolaire. C'est en effet avant six ans que tout se joue, autrement dit entre la crèche, l'école maternelle et le CP. C'est sur ces classes que notre effort doit porter en premier. C'est ma priorité numéro un. Elle demandera un effort partagé entre les familles, l'Éducation nationale mais aussi les collectivités locales, qui sont responsables des crèches.

La chance à donner à TOUS les élèves réside dans la richesse du vocabulaire. Il est donc important d'exposer très tôt et souvent les enfants à une langue riche et de les amener à la pratiquer : par l'écoute de textes, retenus pour leur qualité et adaptés à l'âge et aux goûts de l'élève, mais aussi et surtout par de véritables séquences de conversation, dans une langue soutenue, avec des accompagnateurs linguistiques ayant une certification appropriée. Tout ce qui n'est pas appris et consolidé est souvent désappris. Je préconise donc le recrutement de locuteurs étudiants dans les crèches (en autorisant leur décompte du taux d'encadrement obligatoire), la réduction du nombre d'élèves par classe en maternelle et en CP et, pour les élèves les plus en difficulté, la création de petits groupes spécifiques. Il conviendra aussi d'offrir une formation particulière pour les professeurs qui enseignent en maternelle.

À cet égard, il est temps de faire entrer les neurosciences cognitives dans les procédures d'apprentissage et les cycles de formation des enseignants. Des clés sont données pour gérer les déficits d'apprentissage, leur repérage, leur résorption : utilisons-les de manière systématique.

Le débat entre la méthode syllabique et la méthode globale devrait être clos depuis longtemps ! Les sciences cognitives ont tranché : l'approche syllabique est plus efficace et donne de meilleurs résultats, comme le rappellent les expériences de l'association Agir pour l'école de l'Institut Montaigne. Tournons donc la page des débats idéologiques et stériles. Choisissons la méthode qui marche, pas celle qui a fait tant de dégâts !

Il faut mettre en place tout cela dans un cadre adapté. Il s'agira de manière générale de réduire le nombre d'élèves par classe en maternelle et en CP pour rejoindre le taux d'encadrement des pays les mieux classés de l'OCDE. Pour les élèves en difficulté, seraient créés de petits groupes spécifiques de quatre ou cinq notamment – ce chiffre pouvant varier selon les besoins –, afin de remettre à égalité des enfants n'ayant pas tous le même niveau de maturité ou le même environnement familial. Les nouveaux moyens nécessaires à cette fin seraient issus de la rationalisation du système dans son ensemble, notamment par un redéploiement des moyens du second degré.

J'entends aussi mettre en place une évaluation plus régulière des élèves, qui concernera notamment les années précédant l'entrée en 6e. Je ne suis pas favorable au rétablissement d'un examen d'entrée au collège. Mais il me paraît nécessaire, quelques mois avant que les enfants n'y entrent, de procéder à une évaluation qui permette de ménager un véritable sas de remédiation, de remise à niveau pour les élèves en difficulté. Voilà pour le premier levier, qui me semble être une réforme indispensable.

JS : Quels sont les autres leviers ?

AJ : Le deuxième, qui sera sans doute plus difficile à mettre en œuvre, consiste à changer le mode de gestion de l'Éducation nationale. Comment peut-on gérer l'ensemble des établissements scolaires de façon uniforme, à partir de programmes et de dotations horaires déterminés au niveau national sans possibilité de souplesse ? Il faut redonner de la responsabilité à ceux qui font vivre les établissements – à commencer par le « chef d'équipe » à la tête de chaque établissement, entouré d'une équipe éducative qui l'accompagne dans ce travail. Je compte pour cela proposer aux établissements qui se porteront volontaires la mise en place d'un Conseil éducatif d'établissement, composé d'enseignants chargés de missions spécifiques et animé par le directeur de l'établissement.

Le troisième levier a pour objet l'amélioration de la gestion de la carrière des professeurs, de leur formation initiale mais aussi continue, de leur accompagnement dans le métier, de leur rémunération, de leur statut matériel.

On pourrait ajouter à cette liste l'articulation entre le lycée et l'enseignement supérieur mais aussi la formation en alternance, l'apprentissage et les filières technologiques.

Voilà de grandes orientations sur lesquelles on peut avoir une adhésion, un consensus. Il s'agira ensuite de les traduire en textes et en mesures.

JS : À Bordeaux, pouvez-vous nous résumer votre action en matière d'éducation ?

AJ : J'ai tout d'abord donné aux établissements des locaux adaptés pour leur permettre de remplir leur mission. Depuis 1995, une part du budget est consacrée en priorité à la rénovation du patrimoine scolaire ainsi qu'à la construction de locaux supplémentaires. L'école du XXIe siècle ne peut pas ressembler à celle du XIXe, qui constituait l'essentiel de ce patrimoine. Les restaurants scolaires doivent aujourd'hui être suffisamment grands pour accueillir 100 % des enfants – ce qui est le cas à Bordeaux. Je rappelle qu'au début de mon premier mandat, voici vingt ans, on ne pouvait accueillir que 70 % des élèves. Nos écoles ont donc été adaptées pour satisfaire l'ensemble des demandes – en instaurant la restauration en libre-service et l'enchaînement des services.

Nous sommes par exemple en train d'achever cours Albert-Thomas la rénovation d'une école maternelle et primaire, dont le projet architectural a été défini en concertation avec l'équipe éducative pour tenir compte de ses attentes. Malgré tout, nos écoles souffrent encore d'un grave déficit de locaux destinés aux enseignants. Or il est indispensable de leur donner un espace pour recevoir les parents ou faire du soutien individualisé. La salle de classe ne suffit pas.

Notre deuxième priorité a été de faire entrer le numérique à l'école, un domaine dans lequel la ville de Bordeaux a été très active. Depuis cinq ans, chaque classe de chaque école élémentaire est dotée d'un tableau numérique interactif. Même s'ils témoignaient d'une certaine prudence lors de la première réunion, les enseignants ont pu bénéficier d'une formation de quelques heures mise en place par le rectorat. Finalement, 95 % des classes sont aujourd'hui équipées – quant aux autres, elles attendent avec impatience de l'être ! Je précise que chaque établissement a soumis un projet éducatif pour bénéficier de cet outil.

Nous explorons également l'utilisation d'outils individuels, tels que les tablettes, qui peuvent contribuer à enrichir l'expérience de la classe. Ces matériels peuvent sans doute être mutualisés au sein de l'école : nous étudions les différents scénarios possibles. Nous travaillons aussi à développer des services en ligne, des espaces numériques de travail pour que les familles puissent être au plus près de ce qui se passe dans la classe et à l'école de façon générale.

Enfin, nous avons essayé de créer un climat de confiance avec les chefs d'établissement en organisant des réunions périodiques avec eux ainsi qu'avec les inspecteurs de l'enseignement primaire et le rectorat. Tous les ans, je participe à une journée de travail avec les chefs d'établissement pour échanger avec eux sur les difficultés qu'ils rencontrent. Lors de la concertation sur les rythmes scolaires, la dernière réunion avec les parents et les enseignants s'est plutôt bien déroulée, même si les réticences étaient nombreuses en début d'année scolaire ! Au-delà de la nécessaire évaluation de la réforme des rythmes scolaires – et de leur adaptation –, certaines améliorations s'imposent rapidement, notamment pour les écoles maternelles. Nous avions en effet prévu un temps après le repas de midi pour proposer aux enfants des animations au sein de l'école, comme des ateliers de lecture ou de sport : le bénéfice pour les élèves étant minime, nous cherchons d'autres solutions. S'agissant de l'école élémentaire, une heure et demie a été réservée chaque semaine aux activités à l'extérieur de l'école, dans les musées ou sur les terrains de sport : ce dispositif fonctionne, preuve que nous avons trouvé un terrain d'entente avec les parents.

JS : Pouvez-vous résumer votre méthode générale pour changer l'éducation ?

AJ : Je vois les choses en trois temps. Une première période s'achève avec la publication de ce livre – celle de la concertation avec les enseignants, les parents et les experts qui ont bien voulu apporter leur contribution. Ce travail de préparation m'a permis de tracer de grandes orientations. Les propositions exposées dans ce livre sont le fruit de mes rencontres avec des experts, des quelque 2 000 contributions recueillies par Internet, ainsi que de comités de travail auxquels ont participé des gens de sensibilités différentes : des enseignants, des administrateurs, des spécialistes de l'éducation.

Par la suite, lors d'une deuxième phase, qui durera pratiquement un an, je recueillerai les réactions à ces propositions. Je suis en train de mettre en place sur tout le territoire national des comités locaux qui auront pour vocation, le moment venu, de mobiliser les électeurs pour aller voter aux primaires, mais aussi de faire remonter les réactions à mes propositions.

Viendront ensuite les primaires et la campagne présidentielle. Pendant cette période, je préparerai, en compagnie de la personne appelée à être ministre de l'Éducation nationale, trois ou quatre textes qui pourront amorcer le changement du système dès le début du mandat présidentiel. Pour avoir dirigé un gouvernement et participé à plusieurs autres, je sais par expérience qu'en France, tout est décidé dans une certaine improvisation. Nous ne sommes pas aux États-Unis, où plusieurs mois s'écoulent entre l'élection du Président et sa prise de fonction, ni en Grande-Bretagne, où on constitue un *shadow cabinet* avant le vote proprement dit. La personnalité qui sera appelée à exercer ses fonctions rue de Grenelle aura déjà établi sa feuille de route et les premières mesures à prendre. Il va sans dire que l'Éducation nationale ne sera pas réformée en cent jours, ni même en deux ans. C'est un travail de longue haleine qui se déroulera sur plusieurs années. Néanmoins, les gestes forts, nécessaires d'emblée pour enclencher la réforme, seront préparés en amont. Tout cela ne s'improvise pas.

JS : Quel pourrait être le maître-mot de votre vision de l'éducation ?

AJ : La notion de réussite, de mérite fondé sur l'égalité des chances. Réunir les conditions pour que tous les enfants puissent donner le meilleur d'eux-mêmes me paraît capital. Voilà, à mon sens, le défi d'une réforme éducative réussie. La meilleure façon d'assurer l'égalité n'est pas de tirer les jeunes au niveau le plus bas mais d'aider chacun à s'épanouir selon son degré de compétence ou de maturité. Certains enfants attendent en effet d'être en terminale ou à l'université pour éclore. D'où la nécessité de diversifier les méthodes et les pratiques pour s'adapter au niveau des élèves. Permettre à chacun de saisir sa chance : telle est ma conception de l'égalité.

JS : Vous avez souhaité écouter les enseignants et les parents. Quelle était votre idée en lançant cette consultation ?

AJ : Les réformes qui descendent du ciel, c'est-à-dire de la rue de Grenelle, réussissent rarement. Elles se succèdent au gré des changements de titulaire du ministère. J'ai fait le décompte : il y en a eu cinq au cours des dix dernières années. Certaines de ces réformes ont eu une durée de vie inférieure à deux ans, ce qui prouve bien qu'elles ont été trop peu préparées, partagées, et insuffisamment donné lieu à concertation.

Le but de ce livre est de faire entendre la voix des professeurs, celle des parents, de fournir des données chiffrées et des informations utiles pour situer les enjeux, de proposer des orientations et des clefs de changement. C'est un projet qui se veut global et ambitieux mais qui n'est pas une réforme déjà bouclée et destinée à être un jour décrétée. Nous avons vu souvent – et encore récemment – à quelles incompréhensions une telle méthode expose. Je n'ai pas choisi cette voie. J'ai choisi de dialoguer, de chercher à comprendre les attentes, de mettre en évidence les principaux enjeux, d'ouvrir des pistes. Elles seront précisées, corrigées, certaines peut-être transformées pour tenir compte des critiques pertinentes qu'elles auraient suscitées. Pour réformer, il faut apaiser – au sens exact du terme, pour éviter les guerres dont notre pays a tant le goût en matière d'éducation – afin de pouvoir rassembler sur des objectifs partagés.

J'ai d'abord voulu faire réagir les enseignants et les parents pour essayer de mieux comprendre leurs dispositions d'esprit. Nous avons reçu des réponses très diverses : parfois quelques lignes, parfois quelques pages.

De ces paroles d'enseignants je retire un double constat. Tout d'abord, ils aiment leur métier. Dans le monde où nous vivons, les gens s'interrogent sur le sens de ce qu'ils font. Quand on est enseignant, faire passer une jeune conscience au stade d'adolescent puis d'adulte est une tâche exaltante. Mais cette motivation n'exclut pas un immense désarroi : les enseignants disent qu'ils n'y arrivent plus, qu'ils sont mal formés, qu'ils n'ont pas les outils nécessaires pour exercer leur profession. Par ailleurs, ils ne se sentent ni soutenus, ni accompagnés. La gestion de la ressource humaine est inexistante dans ce ministère, même si des progrès ont été faits en essayant de mieux adapter les postes aux profils et les profils aux postes. Bien souvent, l'affectation est une espèce de loterie : on envoie les plus jeunes, les moins expérimentés, dans les endroits les plus difficiles. Aussi profond soit-il, ce sentiment de désarroi me paraît réversible : il faut redonner confiance, revaloriser la fonction de l'enseignant dans la société.

Les parents tiennent un discours similaire : ils ont une vision relativement positive de l'école et de sa mission. Dans l'ensemble, les enseignants sont respectés mais, dans le même temps, le degré d'exigence des parents a évolué. Aujourd'hui, certains, estimant avoir un niveau de formation au moins équivalent à l'enseignant, prennent immédiatement fait et cause pour leur enfant et vont reprocher à celui-là de ne pas enseigner de la bonne manière. Ils sont partagés entre respect, interventionnisme et esprit critique, ce qui complique la tâche des enseignants.

Nous aurions également pu consulter les élèves, mais je n'exclus pas de le faire à un moment ou à un autre, car en fin de compte, c'est aussi à eux que je m'adresse !

JS : Pour Ken Robinson, un grand spécialiste de l'éducation, l'une des missions premières de l'école est de favoriser la créativité des enfants et non de la brider – comme c'est le cas dans la plupart des pays développés. Qu'en pensez-vous ?

AJ : Je suis persuadé qu'il existe un potentiel de créativité en chacun. Néanmoins, il convient d'avoir les bases, les outils nécessaires pour s'exprimer

– comme la maîtrise de la langue ou la connaissance de l'histoire. Cela dit, nos méthodes d'éducation gagneraient certainement à donner plus d'importance à l'expression orale ou au travail en groupe. Je remarque d'ailleurs que les concours d'entrée aux grandes écoles de management testent de plus en plus la personnalité et la créativité des candidats plutôt que leur capacité à reproduire ce qu'ils ont appris dans les livres.

Et puis nous devons nous convertir aux intelligences multiples, qui ouvrent un champ immense pour l'adaptation de notre système éducatif. Certains enfants prennent conscience qu'ils apprennent mieux leurs tables de multiplication en chantant, d'autres qu'ils ont besoin d'illustrer leur poésie par un dessin, d'autres encore qu'ils ont besoin de manipuler des objets. La France fait encore partie de ces pays où l'on a du mal à concevoir qu'il puisse exister plusieurs manières différentes d'apprendre. L'école doit réussir à atteindre des enfants d'origines diverses et variées, aux profils d'apprentissage différents. Les pays qui trouveront le moyen de relever ce défi de l'individualisation et de pluralisation dans l'enseignement seront probablement ceux qui réussiront au XXIe siècle. La France, qui est à la pointe dans le domaine des neurosciences, saura, je n'en doute pas, relever ce défi.

JS : On a parfois coutume de dire que « l'éducation, c'est l'exemple ». Qu'en pensez-vous ?

AJ : L'exemple de parents attentifs, généreux et travailleurs est important. Mais nous savons qu'il ne suffit pas toujours, hélas, à garantir la réussite ! Des enfants nourris par l'exemple peuvent aussi être d'excellents élèves et échouer dans leur vie professionnelle parce qu'ils n'ont pas été suffisamment préparés à la dureté du monde. Hannah Arendt a écrit des lignes très justes à cet égard dans son essai *La Crise de la culture*. À mes yeux, la responsabilité majeure qui incombe aux éducateurs, aux parents, aux professeurs, est de préparer les enfants au monde, de développer chez eux la faculté de raisonner, de critiquer, d'argumenter et, par-dessus tout, leur donner le goût de la liberté. C'est une œuvre magnifique qu'il nous revient d'accomplir en transmettant à nos enfants ce qui nous a été transmis.

Le professeur n'est pas le copain de l'élève, c'est un maître – j'aime assez ce terme, tout comme celui d'instituteur. La notion d'autorité à l'école est absolument essentielle. D'une certaine manière, il n'y a pas d'exemplarité sans autorité.

Du côté des élèves, l'exemplarité de ceux qui ont réussi a aussi son importance : c'est tout l'intérêt du tutorat. On a raison d'organiser ces rencontres entre les plus jeunes et ceux qui sont sortis du système scolaire par le haut.

JS : Parmi les pays les plus développés, notre système éducatif est celui qui corrige le moins les inégalités sociales.

AJ : Notre pays a beau être obsédé par l'égalité, les faits sont là : les chances d'un enfant d'ouvrier d'accéder à une grande école sont plus faibles qu'il y a vingt ans – mais aussi plus faibles que dans l'ensemble des pays développés. Et comme le montrent les enquêtes PISA, ces faiblesses, qui se concentrent sur certaines catégories socio-professionnelles ou certains quartiers s'accentuent au fil du temps. Nous sommes donc confrontés à un véritable défi.

En somme, notre école ne sait plus corriger les inégalités de la naissance. La proportion des élèves qui se situent au niveau le plus bas est deux fois plus importante en France que dans les pays qui obtiennent les meilleures performances.

Cela étant, je crois à la nécessité de former des élites tout autant qu'à l'égalité des chances. La réduction des inégalités et la réussite de chacun doivent compter parmi les missions fondamentales de notre système scolaire. L'ensemble du processus de réforme aura pour but de donner à l'école les moyens de mener à bien ce combat. La situation que nous connaissons aujourd'hui est insupportable et s'explique par les défaillances du système. La notion de réussite doit être au cœur des projets pour l'école.

La France doit pouvoir assurer la même réussite aux jeunes des milieux favorisés et aux enfants des quartiers difficiles et des milieux ruraux. C'est ce que j'appelle l'égalité. C'est ce que j'appelle le mérite républicain. Pour cela, il faut accompagner les élèves en souffrance, qui, d'année en année, correspondent toujours au même profil. Il faut d'abord repérer ces souffrances : c'est une tâche très difficile car elles sont souvent muettes et interviennent très tôt. Boris Cyrulnik a écrit des lignes très éclairantes à ce sujet[1].

C'est pourquoi l'effort doit porter à mes yeux en priorité sur l'école maternelle et le début du primaire. C'est là que tout se joue. Ce qui fait que le collège est le purgatoire des enfants fragiles, c'est que 20 % des élèves y arrivent en ne sachant ni lire, ni écrire, ni s'exprimer, ni raisonner. Et ces 20 % sortent du système scolaire à seize ans, « nus », humiliés. Nous ne pouvons pas accepter qu'un pays comme le nôtre ait 10,9 % d'illettrés. Mais il n'y a pas à choisir entre l'élite et les enfants défavorisés. Il est absurde qu'on pose la question de la sorte. Le devoir de l'école de la République est d'assurer la réussite de tous, de faire en sorte que chacun en sorte avec un bagage sans lequel on ne peut ni trouver un travail, ni vivre en société, ni se sentir intégré.

1. Voir son texte p. 147.

Si je suis très sensible à ces questions, c'est aussi que je suis un pur produit de la méritocratie républicaine – je le dis sans aucune prétention. Je suis né dans une petite ville de province, dans une famille de la petite bourgeoisie : je n'aurais eu aucune chance d'intégrer l'Inspection générale des finances s'il n'y avait pas eu des concours ni le cursus universitaire que j'ai suivi. L'école m'a fait : voilà aussi pourquoi ce sujet me semble si important.

JS : Estimez-vous qu'en matière d'éducation, il existe un discours de droite et un discours de gauche ?

AJ : Pour moi, l'éducation ne doit pas être un facteur de clivage entre la gauche et la droite – en tout cas, pas dans les objectifs. J'adhère pleinement à l'idée d'une école efficace, qui remplit ses missions et assure la réussite du plus grand nombre. Un homme de droite comme de gauche peut partager ces objectifs. Reste ensuite le débat sur les mesures, les moyens et les méthodes pour y parvenir.

Je suis persuadé qu'à condition de concevoir une réforme fondée sur la concertation, l'expérimentation, le volontariat, le respect de l'école et des enseignants, un gouvernement ou un président de droite doit pouvoir convaincre et réussir.

JS : L'actuel président a dit qu'il créerait 60 000 postes sans pour autant s'engager sur un projet précis. Pensez-vous qu'il faut avoir un mandat clair sur un projet précis ou sur de grandes orientations ?

AJ : De façon générale, je souhaite proposer aux Français non pas 110 propositions mais une dizaine de programmes d'action clairs sur lesquels je demanderai un mandat. S'ils recueillent leur adhésion, j'aurai la légitimité pour les mettre en œuvre. Auparavant, il s'agira avant tout de faire réagir sans qu'il soit nécessaire d'exposer dans le moindre détail les orientations envisagées. À rebours de la proposition de François Hollande, je remarque qu'il existe un consensus à peu près général pour dire que le problème de l'éducation en France n'est pas celui des moyens. Ceux qui sont investis aujourd'hui dans notre pays sont équivalents, voire supérieurs, à ceux des pays comparables, mais avec des performances moindres[1].

JS : Comment comptez-vous concilier la lassitude des enseignants vis-à-vis des réformes et la nécessité de changer les choses ?

1. Voir annexes 1 et 2 ci-après.

AJ : Je n'ai pas l'intention de tout bouleverser en l'espace de cent jours. Même si les objectifs en matière d'éducation sont affichés, les mesures devront être discutées, mises en œuvre progressivement – et non pas sous la forme d'un décret sans aucune concertation préalable.

La réaction des enseignants n'en demeure pas moins ambivalente. Ils ont envie de voir changer un système dont le fonctionnement actuel n'est plus tolérable. Certaines choses devront cependant être conservées : je ne suis pas sûr qu'il soit nécessaire de changer les programmes tous les deux ans. En revanche, les professeurs demandent que leur formation évolue. Cela me semble être une priorité. Les jeunes professeurs eux-mêmes sentent bien qu'ils n'ont pas été préparés, qu'ils n'ont pas les outils nécessaires pour exercer leur métier. En lieu et place d'une formation parfois trop exclusivement soucieuse de contenus disciplinaires, il faudra justement leur donner ces outils. Faire cours à une classe du XXIe siècle implique en effet des connaissances qui ne sont pas simplement celles de l'histoire, des mathématiques ou du français. Si vous ajoutez à cela l'agitation qui règne dans les classes, les problèmes de discipline… Gérer un groupe, cela s'apprend. Je pense que les professeurs sont prêts à l'entendre. L'objectif de la réforme est de les mettre en situation de mieux exercer leur métier.

Les professeurs ont en outre le sentiment de n'être ni reconnus, ni soutenus, ni accompagnés dans une carrière qui peut être un long couloir de quarante ans sans mobilité possible. Ils ont une conscience aiguë des enjeux. Le plus réconfortant dans la consultation que j'ai lancée, c'est de sentir qu'un changement est voulu, puissamment désiré. Il tient en un mot : « Faites-nous confiance ! » Eh bien je veux leur faire confiance. Je crois à la liberté. La tradition ministérielle, c'est : soit une réforme imaginée entre le cabinet du ministre et la direction générale de l'enseignement scolaire (DGESCO), une réforme vaguement concertée mais surtout une réforme imposée d'en haut et mal comprise par les équipes enseignantes ; soit une expérimentation dans quelques établissements qui ne sera que trop rarement évaluée et qui, en tout état de cause, ne passera pas la plus prochaine alternance. Je préconise une tout autre méthode, fondée sur la liberté, sur le choix exprimé par les équipes pédagogiques et les expériences pratiques de terrain. Je souhaite que soit donné au conseil d'administration et au conseil éducatif d'établissement dont je propose la création le droit de choisir leur mode de gestion : le système actuel ou bien un système plus responsabilisant, qui reposera sur la gestion complète de la dotation horaire globale et l'élargissement progressif du recrutement des postes à profil. Et je suis convaincu que la liberté et la responsabilité feront vite tache d'huile !

JS : Pour autant, on voit bien que les ministères sont très gênés par cette résistance concrète au changement, y compris quand les réformes semblent aller dans le bon sens. La dernière en date l'a bien montré.

AJ : Il était inutile d'engager simultanément la réforme du collège et celle des programmes, qui a été mal ficelée. Je ne suis pas favorable au traitement réservé à l'enseignement du latin et du grec – la ministre semble d'ailleurs faire en grande partie machine arrière, mais en catimini. Il faut être plus clair et ne pas craindre d'affirmer la valeur des humanités classiques dans le monde moderne. Pourquoi donc ne pas considérer le latin et le grec comme égaux en dignité par rapport à la deuxième et la troisième langues vivantes, en veillant à ne pas les réserver à une élite sociale ? Il en va de même avec la suppression des classes européennes ou des classes bilangues, qui fait suite à la suppression des bourses au mérite et des internats d'excellence. Quant à l'histoire, il y a eu un cafouillage, qui montre que la réforme était improvisée. À mon sens, cette partie doit être largement revue.

En revanche, sur le fonctionnement du collège lui-même, aller dans le sens d'une plus grande marge de liberté pour l'établissement pour 20 % de sa dotation horaire n'est pas sans intérêt – je souhaiterais même aller plus loin. Malheureusement, cette mesure n'a pas été préparée : rien ne prouve que les moyens de l'appliquer de façon réaliste à la rentrée 2016 ont été mis en œuvre et, surtout, ces 20 % sont factices car le ministère en indique le contenu ! Par conséquent, cette bonne idée est sans doute gâchée par une mauvaise méthode. Il y a donc beaucoup de raisons de craindre que cette réforme soit sans effet sur la destinée des élèves et le sort des décrocheurs. Qui pourrait s'en réjouir ?

Un mot de l'interdisciplinarité, un autre thème beaucoup commenté de la réforme. Je crois pour ma part tout à fait essentiel pour l'avenir de développer une approche interdisciplinaire. Mais un tel changement doit être bien expliqué et préparé. À en juger par les réactions des enseignants, tel n'est pas le cas. Du même coup, comme pour les 20 %, une bonne idée dans son principe se trouve compromise, beaucoup craignant que les enseignements transversaux interdisciplinaires (ETI) ne se fassent au détriment des disciplines fondamentales.

De même, je pense que le nouveau cadre de définition des programmes – par cycle, du CP à la 3e, auquel s'ajoute un cycle pour la maternelle – devrait permettre de leur donner de la clarté et de la cohérence, ce qui serait une bonne chose.

JS : Prenons un exemple qui a été un sujet de crispation : l'apprentissage de l'allemand tel qu'il est proposé par la réforme du collège. On a le

sentiment qu'aucun élève ne sort aujourd'hui du système scolaire français en parlant allemand...

AJ : Mais combien en sortent en parlant couramment ou même correctement l'anglais, pourtant considéré comme moins difficile ? Trop peu. À ma sortie du lycée, bien avant la massification, j'étais incapable de soutenir une conversation en anglais. Cela a été longtemps une espèce de péché national, cette incapacité à apprendre les langues. Mais ce n'est pas une fatalité : tout est dans la méthode, et il y a heureusement des réussites. En tout cas, ce n'est pas en supprimant les classes bilangues qu'on ira dans la bonne direction !

Polariser l'attention sur une mesure qui détourne du vrai débat est sans doute maladroit. Il aurait fallu améliorer l'apprentissage des langues en général plutôt que de se focaliser sur la correction supposée d'une inégalité. Quoi qu'il en soit, dire que cette modification ne concerne qu'une élite – entre 15 et 20 % des élèves – relève, à mon sens, d'une conception de l'égalitarisme qui va à l'encontre de ce que beaucoup de gens souhaitent pour l'excellence du système éducatif.

JS : Faut-il en conclure qu'une réforme doit s'en tenir à de grandes orientations, quitte à laisser la capacité aux acteurs, sur le terrain, de prendre leurs propres décisions ?

AJ : L'idée de donner une plus grande marge d'appréciation aux équipes qui animent ou dirigent les établissements va dans ce sens. Plutôt que de fixer l'ensemble des règles au niveau national, misons sur le volontariat – à condition que ces expérimentations, comme c'est trop souvent le cas dans l'Éducation nationale, ne se perdent pas dans les sables, sans jamais être reconnues et encore moins généralisées ! Il y a quelques années, l'expérience menée à Bordeaux avec le collège Clisthène en vue de trouver des méthodes efficaces de travail collectif a eu du mal à être poursuivie. Je ne suis d'ailleurs pas sûr qu'elle ait été diffusée dans d'autres établissements, ce qui me paraît être une grave erreur de méthode. Si l'expérimentation marche, elle doit pouvoir être reproduite. Or il y a dans notre organisation générale une sorte de méfiance pour tout ce qui sort du moule, ce qui est absurde. Les enseignants du public réclament plus de liberté et de souplesse. Sans le reconnaître toujours, ils savent bien que ce qui attire dans l'enseignement privé sous contrat est une capacité d'innovation, de différenciation, d'expérimentation beaucoup plus grande. Question d'organisation et de méthode, non d'idéologie.

JS : On constate la difficulté à trouver la juste mesure entre la réforme qui vient d'en haut et

l'expérimentation jamais reproduite. Précisons qu'il existe aujourd'hui au ministère un département de la recherche et du développement, de l'innovation et de l'expérimentation (DRDIE). Selon vous, où doit se situer le curseur ? Vers le haut ou vers le bas ?

AJ : À l'heure actuelle, le curseur se trouve vers le haut : déplaçons-le fortement vers le bas lorsque cela est possible. Bien sûr, il restera des concours de recrutement nationaux. Les programmes continueront à s'appliquer sur l'ensemble du territoire national. Mais pourquoi ne pas déconcentrer toute la dotation horaire globale, afin de laisser une grande marge de manœuvre aux établissements ? Je veux réinsister sur ce point : laissons aux équipes pédagogiques décider de leur mode d'organisation, faisons-leur confiance et, si certaines se sentent prêtes à assumer de nouvelles responsabilité, qu'elles puissent le faire ! Bref, il s'agit de changer en profondeur le mode de fonctionnement, mais dans un cadre qui conserve les principes nationaux.

JS : La question de la gouvernance risque de susciter de vives polémiques. Pour la plupart des syndicats, les enseignants n'ont pas besoin d'un chef…

AJ : Précisément, mon idée, c'est que les établissements soient dirigés par un chef d'équipe. Pas un chef solitaire mais « l'entraîneur » d'une équipe. À mon sens, la réforme de la gouvernance du collège et du lycée offre de nouvelles perspectives de carrière aux enseignants. La possibilité de devenir, pendant quelques années, membre d'un véritable conseil éducatif d'établissement serait pour eux un moyen de diversifier et d'enrichir leur expérience professionnelle. Ils pourraient d'ailleurs bénéficier d'une décharge horaire afin d'exercer cette responsabilité, qu'elle porte sur un niveau, une discipline, l'évaluation, l'orientation ou les relations avec les parents.

Pourquoi l'école, confrontée à la tâche si délicate de la réussite de tous, devrait-elle se priver des bienfaits d'un mode d'organisation par équipe ? Soyons clairs : les établissements du secondaire dont l'équipe éducative est animée par un directeur qui imprime une impulsion, une orientation, fonctionnent beaucoup mieux que les autres.

JS : De fait, ce mode de fonctionnement a produit de bons résultats quand il a été appliqué. Il reste toutefois assez rare car les professeurs ont l'habitude de travailler seuls. Comment comptez-vous amener les enseignants à surmonter leur réticence à travailler en équipe ?

AJ : Nuançons la question. Le travail en équipe existe bel et bien dans les établissements. Il a été encouragé par diverses mesures au cours des dernières années et du temps y est réservé dans le service des enseignants. Dans certains établissements, cela fonctionne bien, dans d'autres moins, notamment lorsque les équipes sont instables.

Commençons d'abord par faire connaître les choses qui marchent et faisons appel au volontariat ! À titre d'exemple, la généralisation des tableaux blancs interactifs dans les écoles primaires bordelaises n'a pas été imposée aux établissements de façon autoritaire. Elle leur a été proposée sur une base expérimentale. Les premiers temps, 20 % seulement se sont portés volontaires. Six mois plus tard, ce pourcentage a atteint 80 % ; il est à près de 100 % aujourd'hui. Preuve en est que l'exemple réussi a des vertus contagieuses.

JS : Le cadre juridique dans lequel s'inscrit le fonctionnement des établissements n'est-il pas trop contraignant ?

AJ : Effectivement. De nombreuses mesures de sécurité s'imposent aux enseignants et rendent difficile l'organisation de voyages ou de sorties extra-scolaires. Récemment, l'application du plan Vigipirate a par exemple conduit à supprimer de nombreuses activités en dehors de l'école. De même, les adolescents en pré-apprentissage n'ont pas le droit d'accéder à certaines machines.

Si ce principe de précaution me paraît nécessaire dans les établissements scolaires, ne faudrait-il pas mieux par exemple protéger les enseignants par le biais d'un système d'assurance qui les couvrirait entièrement lors des sorties pédagogiques ?

Plus largement, une nation doit avoir confiance et faire confiance. Il conviendrait donc d'instaurer un certain équilibre entre le principe de précaution et un principe d'innovation. Dans le domaine pédagogique, les enseignants doivent être encouragés à se montrer plus audacieux. Leur évaluation pourrait d'ailleurs récompenser une certaine prise de risque plutôt que la timidité et l'inertie. Après tout, prendre un risque réfléchi, évaluer les résultats et ajuster s'il le faut ce qui ne va pas valent mieux que ne rien faire. D'ailleurs, j'ai conscience qu'il s'agit d'un changement culturel qui ne concerne pas uniquement l'école. Mais c'est un véritable enjeu de société.

JS : Vous avez évoqué la possibilité de créer une agence d'évaluation. Pouvez-vous en préciser le mode de fonctionnement ?

AJ : Il existe un certain consensus pour dire qu'on ne tire pas assez d'enseignements de l'évaluation des établissements, qui, pour beaucoup, paraît encore insuffisante. Comme me l'ont dit les professeurs eux-mêmes, leur évaluation est encore largement imparfaite, comme celle des élèves, d'ailleurs. Voilà pourquoi la question de l'évaluation me semble importante. L'idée que je veux lancer – et qui sera un objet de débat – sera de ne pas confier l'évaluation à celui qui décide ou qui définit. Il faut donc séparer le pouvoir de direction – ou d'administration – et le pouvoir d'évaluation en instaurant une agence d'évaluation indépendante, dont le président pourrait être nommé en Conseil des ministres après une approbation éventuelle par les commissions parlementaires. Il serait entouré d'experts, d'enseignants, pourquoi pas de représentants des parents, et aurait pour mission d'évaluer les établissements tout en définissant le cadre d'évaluation des enfants. Cette agence aurait à définir un certain nombre de normes, de critères, de paramètres, puis devrait déterminer comment serait menée concrètement l'évaluation – sans doute par ses antennes locales, voire par les établissements eux-mêmes pour ce qui est du volet, nécessaire, d'auto-évaluation.

Une telle mesure peut susciter des inquiétudes. Mais entendons-nous : cette agence de l'évaluation ne sera pas une autorité indépendante capable de prendre des décisions – comme le CSA qui nomme les responsables des chaînes de télévision. Sa mission sera d'évaluer les résultats et les performances aux différents niveaux que j'ai évoqués. Le pouvoir de décision restera donc celui du ministre et de la chaîne hiérarchique.

Nous voudrions aussi, en complément de l'évaluation des établissements, que cette agence puisse fournir des pistes d'innovation. Contrairement à ce qu'on peut entendre, notre système possède une grande capacité d'innovation mais elle n'est pas du tout exploitée ni même encouragée. Je pense ici aux différents projets éducatifs portés par les établissements. Malheureusement, ces innovations, souvent spontanées, en marge du cadre hiérarchique, ne sont pas bien connues, ni généralisées quand elles marchent. Un guide des bonnes pratiques reste à écrire : à partir des évaluations qu'elle réalisera, l'agence de l'évaluation aura pour mission de le faire, de manière à ce qu'il puisse être proposé à d'autres établissements.

Cette agence ne sera pas chargée de la définition des programmes – dans la mesure où elle ne peut pas à la fois définir et évaluer. En revanche, elle pourrait être consultée lors de leur élaboration, puisqu'elle aura évalué la façon dont ils sont mis en œuvre.

Cette instance pourra s'appuyer largement sur des moyens et des compétences existants au sein du ministère.

JS : Si deux mandats sont nécessaires pour mener à bien cette réforme, comment s'inscrire dans une durée aussi longue ?

AJ : En redonnant de l'espoir. Si, au bout d'un premier mandat de cinq ans, on voit que le processus est bien engagé, pourquoi changer radicalement de cadre ? Mon objectif n'est pas d'abroger par principe les réformes qui ont été faites avant moi. Maintenant, cela fera-t-il école ? Difficile à dire… Personne ne peut le garantir. Les socialistes ont expliqué que la droite a « saccagé » le système scolaire : il faut sortir de ce vocabulaire ! Certes, nous avons pu faire des erreurs (en matière de formation des professeurs, notamment). De là à employer un terme aussi violent… De la même façon, il faudrait que mes propres amis cessent de prétendre qu'il faudra abolir la réforme du collège sans autre forme de procès et tout reprendre de zéro. L'avenir de nos enfants impose à mes yeux que les responsables politiques aient une approche de ces problèmes qui soit moins manichéenne, plus responsable et plus soucieuse du nécessaire consensus national que des clivages politiciens.

JS : Que doit faire un candidat élu pour construire une alternance à la fois juste et efficace, sans se débarrasser des personnes et des

dispositifs valables hérités de l'administration précédente ?

AJ : Ce problème est épineux, mais ce n'est pas le privilège de l'Éducation nationale ! D'autres ministères font preuve d'une belle instabilité. Je vous rappelle mes trois valeurs fondamentales : apaiser, rassembler, réformer. Apaiser pour rassembler ; rassembler pour réformer. C'est un itinéraire compliqué mais je suis prêt à l'assumer.

J'ai la conviction que le fossé gigantesque qui sépare de plus en plus les Français et leur classe politique tient à la perte de crédibilité de la parole publique. Nos concitoyens perçoivent que leurs hommes politiques jouent des effets d'estrade, des coups de menton, qu'ils sont plus intéressés par la conquête du pouvoir que par son exercice, qu'ils sont plus dans le « dire », souvent caricatural voire mensonger, que dans le « faire ». Or la fonction première d'un homme politique, d'un homme d'État, est de gouverner et non de préparer sa prochaine élection. François Hollande, mais il n'est pas le premier, a fait une campagne juste pour gagner et non pour gouverner. Il gère aujourd'hui le pays en ne pensant qu'à sa réélection. Son propos sur le chômage en est l'illustration. C'est la raison pour laquelle je veux présenter un projet sérieux, un projet pesé, et non me contenter d'aligner des slogans qui n'ont pour seul objectif que de gagner. C'est aussi la raison pour laquelle je me suis engagé à ne faire qu'un mandat pour être un président « désintéressé » pour lui-même, qui réforme pour préparer le pays aux vingt ans qui viennent, et non pour préparer sa réélection. Alors, oui, le Président doit obtenir un mandat clair pour agir, et ce livre, le premier d'une série, répond aussi à ce but.

Le courage politique, c'est également savoir annoncer que l'on ne reviendra pas sur certaines mesures quand elles marchent. En matière de formation par exemple, il serait déraisonnable de revenir sur la réforme des écoles supérieures du professorat et de l'éducation – les ESPE –, en charge de la formation des enseignants. Je sais que les professeurs ne sont pas tout à fait satisfaits de leur fonctionnement. Et il y aura de profonds changements à réaliser sur les contenus d'enseignements pour donner un caractère plus professionnel à la formation. Mais je ne souhaite pas revenir sur leur création ni sur leur intégration à l'Université qui, si elle est bien pensée, peut se révéler féconde.

De la même manière, s'agissant des programmes, je m'engage certes à y apporter les adaptations qui paraîtraient nécessaires, mais sans entreprendre une énième réécriture de fond en comble qui ne ferait que créer la confusion chez les enseignants et les parents. C'est en outre dans l'intérêt de la réussite des élèves.

Je ne souhaite pas faire du passé table rase. Le prétendre, c'est une illusion et c'est aussi une erreur. Le choix politique qui vise à annuler par principe la réforme des prédécesseurs prive de la capacité de pouvoir évaluer et décider sur la base de résultats clairs ce qui doit être le changement à venir. Le coût financier de cette page blanche tournée tous les deux ou trois ans est incalculable. En deux ans, trois ministres de l'Éducation nationale ! Quelle entreprise, quelle organisation survivrait à une telle noria ? La politique française est trop souvent caricaturale, manichéenne, violente dans ses propos et ses oppositions souvent superficielles.

Il sera très important aussi d'avoir un ministre de l'Éducation nationale qui partage cette disposition d'esprit. Il devra avoir la certitude qu'il peut agir dans la continuité, c'est-à-dire qu'il ne quittera pas son poste au bout de deux ans – étant entendu qu'il n'y a pas d'assurance tous risques dans ce métier ! Il devra être le patron de son administration, ce qui ne veut pas dire s'occuper dans les moindres détails du fonctionnement de son équipe. On peut être l'inspirateur d'une gestion moderne, notamment en matière de ressources humaines, sans pour autant être en première ligne sur tous les fronts.

JS : Justement, parlons de l'administration. C'est une très grosse machine qu'on décrit souvent comme inefficace. Avec plus d'1 million de collaborateurs dont 850 000 enseignants, on la surnomme traditionnellement l'Armée rouge. Pourquoi devrait-elle forcément être inefficace ?

AJ : C'est une machine énorme, gigantesque en effet et sans aucune commune mesure avec ce qui peut exister dans d'autres organisations. Plus d'un million de personnels – du public et du privé, avec 80 % d'enseignants –, 4 300 lycées, 7 100 collèges 53 000 écoles, c'est-à-dire un total de 64 000 établissements scolaires ! Cette organisation est pilotée d'en haut, du ministère, des rectorats et des services départementaux, avec un encadrement très faible, une hiérarchie presque inexistante, des inspections générales puissantes. La simple analyse des chiffres montre que le pilotage fin de cette machine est impossible depuis Paris, voire même d'un rectorat.

Si elle n'est pas décentralisée, une telle structure ne peut qu'être inefficace. Ce ministère a un formidable besoin de déconcentration et de délégation. Voilà pourquoi l'une des clés du succès est la responsabilisation au niveau des équipes éducatives d'établissement. Cette conviction, je l'ai acquise depuis longtemps. Lorsque j'étais élu du XVIIIe arrondissement de Paris et que j'entrais dans un collège, je devinais dès le pas de la porte les qualités du principal. On peut évidemment bien faire son métier dans un cadre rigide mais on le peut encore mieux et plus facilement si on possède une marge de responsabilité et de liberté. Cela me semble absolument indispensable.

Comment comprendre que 64 000 établissements ruraux, urbains, paisibles ou difficiles soient organisés sur le même modèle, avec les mêmes rythmes scolaires, le même taux d'encadrement, ou presque ? C'est une illusion.

JS : Un chef d'entreprise américain a estimé qu'au-delà de 150 personnes, toute organisation deviendrait inefficace. D'après lui, le patron de l'unité serait incapable de connaître tout le monde, de voir et de gérer de façon fine ce qui se passe chez lui. Ce raisonnement gagnerait peut-être à être appliqué aux établissements scolaires…

AJ : J'ai le souvenir d'un reportage consacré au principal d'un collège en région parisienne : il était sur le pas de la porte de son établissement tous les jours et saluait pratiquement chacun de ses élèves par leur prénom. Les élèves qui souhaitaient s'entretenir avec lui avaient un rendez-vous dans la semaine, ils étaient écoutés, conseillés et tout allait mieux. Cet exemple prouve une chose : lorsqu'un vrai responsable est en mesure de prendre des décisions et de s'investir, toute la physionomie d'un établissement s'en trouve changée, même s'il y a 600 ou 900 élèves. Néanmoins, le proviseur, comme le principal d'un collège, ne doit pas diriger seul, mais se comporter comme un chef d'équipe, qui sait écouter, discuter et trouver avec cette équipe les solutions qui emportent l'adhésion de tous. Ce peut être parfois plus long mais c'est autrement plus efficace, ce qui me paraît crucial.

Un bon chef, qu'il soit président d'association, chef d'entreprise ou président de la République, est celui qui arbitre en dernier ressort mais qui sait déléguer et organiser la collégialité de la prise de décision.

C'est pourquoi je propose de confier à un Conseil éducatif d'établissement, travaillant en équipe, présidé par un directeur principal, la direction de l'établissement et la gestion de l'autonomie. Ce Conseil pourrait s'apparenter à un comité de direction. Pour épauler ce directeur principal – et son adjoint ou ses adjoints selon la taille de l'établissement –, le Conseil se composerait d'enseignants responsables ou coordonnateurs en nombre variable selon la taille de l'établissement[1].

Chaque responsable-coordonnateur serait élu par ses pairs pour un mandat de deux ans, renouvelable une ou deux fois (le choix de cette règle pouvant être du ressort du règlement intérieur de l'établissement).

---

1. Parmis eux, pourraient figurer : un coordonnateur pédagogique – responsable des études –, un responsable de l'orientation, un responsable des relations extérieures et des partenariats, un responsable des relations avec les parents, un responsable du numérique, un responsable de la gestion des ressources humaines (GRH) et de la formation continue, des coordonnateurs par cycle et/ou par groupe de disciplines ou par discipline, selon les projets et la taille de l'établissement, ainsi que, sur le modèle du *special teacher*, un responsable de la coordination du suivi individuel et de la remédiation.

La création de ces fonctions de chargés de mission aurait l'avantage de créer de façon relativement simple une de ces voies de diversification souples de la carrière que chacun réclame. Au total, ce Conseil éducatif regrouperait de 6 à 15 enseignants dans le second degré selon le niveau et la taille de l'établissement.

Le choix du directeur pourrait être fondé sur un double principe : un concours national, un recrutement local. Le recteur proposerait plusieurs candidats à l'établissement. Ces candidats appartiendraient tous au corps national des directeurs d'établissement recrutés sur concours. Les candidats pourraient alors être auditionnés par un jury composé du Conseil éducatif d'établissement et de son Conseil d'administration. L'entretien de recrutement serait l'occasion de prendre connaissance des résultats obtenus dans l'établissement antérieur, d'échanger sur le projet de l'établissement et la perception du candidat, ses propositions pour le mener à bien, sa vision du poste.

Le jury de l'établissement aurait toute latitude pour mener un deuxième entretien de confirmation de choix en cas d'hésitation entre deux candidats – comme cela se pratique souvent dans de nombreuses structures.

Le candidat choisi serait nommé par le recteur. Il exercerait sa fonction pour une durée de quatre ou cinq ans. Il pourrait être reconduit une ou deux fois dans un établissement, sur décision du Conseil éducatif et du Conseil d'administration.

JS : Les 850 000 enseignants qui exercent ce métier en France sont répartis en vingt-six académies. Ce qui signifie que chaque recteur est le patron d'une troupe qui compte entre 30 000 et 40 000 personnes. Quelle serait la conséquence d'une déconcentration ?

AJ : Entendons-nous : déconcentrer ne veut pas dire donner plus de pouvoir aux recteurs mais aux équipes d'établissements. Une telle réforme nécessitera évidemment un accompagnement des établissements, y compris sur le plan financier – avec des décharges.

Simultanément, et comme contrepartie de cette autonomie, un contrat d'objectifs et de moyens serait passé entre l'établissement et le rectorat. Le recteur serait dès lors un partenaire, qui fixerait avec l'équipe de direction les objectifs à atteindre, tout en contrôlant la réalisation du projet de l'établissement et ses performances. Sachant que l'évaluation proprement dite serait effectuée par l'agence d'évaluation indépendante que je propose de créer.

Il va de soi que la déconcentration n'est pas l'absence totale de normes ou de cadres de référence. S'agissant de la dotation horaire, je suis prêt à aller assez loin. Pourquoi, à un moment donné, ne pas renforcer l'enseignement des mathématiques pour un groupe d'élèves en difficulté quitte à l'alléger pour un autre groupe qui fonctionne mieux ? À l'heure actuelle, ce type de démarche est très difficile à engager. Ce serait désormais possible en donnant à l'établissement la liberté de moduler sa dotation horaire.

JS : Si les établissements sont encouragés à avoir un projet, on peut imaginer que certains enseignants sont compatibles avec celui-ci et d'autres non.

AJ : Cela implique que la procédure des postes à profil soit étendue progressivement. À ce titre, l'exemple de l'enseignement privé montre bien qu'il y a une intervention du chef d'établissement dans le choix des professeurs qui lui sont affectés, même si la procédure est moins souple que dans le passé. Cependant, je ne crois pas possible, pour ne pas dire souhaitable, qu'on laisse, à ce stade, aux établissements le choix de sélectionner toute leur équipe pédagogique. Cela aboutirait à créer des déserts d'enseignants et la gestion directe du recrutement et des mutations de 850 000 professeurs par 65 000 établissements est tout simplement impossible.

JS : Dans cette formation initiale au métier d'enseignant, une expérience de terrain semble nécessaire…

AJ : Un an de stage avec un tuteur me paraît en effet indispensable. Cette réforme n'est pas conflictuelle : d'ailleurs, les enseignants la réclament. Je veux également insister sur la question de l'affectation des enseignants. Elle peut paraître technique mais elle est probablement l'une des deux ou trois questions majeures pour traiter l'échec scolaire. En schématisant à peine, les jeunes enseignants recrutés se retrouvent dans les établissements les plus difficiles. Ils attendent alors patiemment de pouvoir quitter l'établissement en question… ce qu'ils feront quand ils auront les points nécessaires. Les jeunes enseignants héritent des situations les plus complexes ! Même s'ils parviennent souvent à faire face, cet apprentissage du métier dans des situations très exposées ne devrait pas être la règle.

Chaque année, les affectations à des postes en établissement difficile et de remplaçant constituent près de 65 % des affectations des enseignants débutants. Une étude sur l'académie de Versailles a démontré que dans les établissements Éclair, la proportion d'agrégés au sein de l'équipe pédagogique est environ dix fois inférieure à celle des établissements hors zone difficile. Les académies de Versailles et Créteil, qui représentent 15 % des effectifs enseignants, reçoivent 45 % des néo-titulaires, et près de 55 % avec les académies de Lille et d'Amiens. En 2012, 30 % de l'effectif total des enseignants affecté en Seine-Saint-Denis ont demandé à quitter leur poste ! Enfin, si l'on convertissait les moyens affectés en poste dans les établissements difficiles en euros, on s'apercevrait que l'on dépense moins pour ces établissements que pour les autres !

Ces données chiffrées illustrent le formidable décalage entre les discours (donnons plus aux établissements difficiles) et la réalité, qui continue de privilégier les établissements classiques.

Il conviendra donc de revoir le mode d'affectation des enseignants en fonction des besoins des élèves et des établissements, avec un encouragement financier fortement discriminant au bénéfice des postes difficiles, une augmentation sensible du nombre de postes à profil et une modulation de service des enseignants.

JS : Ne pensez-vous pas que la volonté de réformer l'Éducation nationale est aux prises avec un certain nombre de lobbies, de structures d'influence (souvent liées à certaines disciplines, d'ailleurs) ?

AJ : Quand on propose à d'autres professions de modifier leurs conditions d'exercice, ne voit-on pas intervenir certains groupes de pression ? Même s'il en existe au sein de l'Éducation nationale, ils ne sont ni plus actifs ni plus puissants que dans une grande partie du corps social français. Le ministre doit travailler avec des partenaires incontournables, en raison de leurs responsabilités propres : les élus locaux, les fédérations de parents d'élèves, les syndicats d'enseignants, les chefs d'établissement. Ces partenaires défendent des droits et le système ne peut se réformer sans eux.

Notre pays se caractérise par une résistance au changement mais elle n'est pas plus marquée dans ce ministère qu'ailleurs. Du moins, j'ose l'espérer. Et pourtant, il y a des blocages. L'Éducation nationale touche plus d'un million de personnes, nos enfants, toutes les familles françaises : c'est un sujet plus électrique, plus inflammable. Je pense malgré tout que l'insatisfaction actuelle – chez les enseignants comme chez les parents – face à nos performances médiocres va pousser la collectivité à réagir. J'ai le sentiment qu'il y a un consensus sur ce qui ne va pas mais aussi, toutes proportions gardées, sur ce qu'il faudrait faire.

Surtout si on change de méthode. Il y a tout à la fois – la consultation l'a révélé – une exacte conscience de la nécessité de bouger et une extrême lassitude devant des réformes venues d'en haut et qui s'empilent et découragent. Ce livre veut marquer ce changement : partant de l'écoute des enseignants du terrain, qui disent avec leurs mots justes la réalité de la situation et pointent les réformes qui s'imposent, il propose des orientations soumises au débat public. Le changement ne se décrète pas, il se prépare et ne peut se réaliser que s'il est porté par le plus grand nombre. N'est-ce pas un défi raisonnable ?

JS : Intéressons-nous à la question des moyens. Faute de pouvoir les augmenter, vous semblez dire qu'il est possible de mieux les employer. Qu'entendez-vous par là ?

AJ : La question des moyens est en effet LA question majeure qui occupe, pour ne pas dire pollue, le débat éducatif depuis des années. Cette question est devenue l'alpha et l'oméga du débat et des politiques scolaires. Ainsi le débat scolaire depuis 2007 ne se résume qu'à deux grandes questions : fallait-il supprimer 80 000 postes entre 2007 et 2012 et fallait-il en créer 60 000 entre 2012 et 2017 ? Je note à cet égard que les suppressions de postes ont ramené le nombre d'enseignants du second degré en 2011-2012 à son niveau de 1993-1994, alors que le nombre d'élèves a diminué de 6 %.

L'Éducation nationale est le ministère le mieux doté dans chaque exercice budgétaire : je rappelle que son budget est de 65 milliards d'euros – et 88 milliards si on intègre l'enseignement supérieur et la recherche. Mais cela ne se lit pas sur le terrain, ni sur les fiches de paie des enseignants, en particulier dans le premier degré, où un rattrapage est pour moi indispensable. La politique menée et l'orientation des syndicats ont systématiquement conduit à privilégier l'accroissement ou le maintien des effectifs, plutôt que la revalorisation salariale. Nous en payons le prix aujourd'hui. Je veux rappeler que le volume horaire d'enseignement d'un enfant en France est élevé. Entre 7 et 14 ans, il assiste à 7 432 heures de cours, ce qui fait de nous un des pays où la charge de cours est la plus lourde – sans que ceci se lise dans les résultats.

Loin de moi l'idée de nier l'importance des moyens consacrés à notre système éducatif mais je récuse celle selon laquelle les résultats scolaires ne dépendent que de cette seule variable. La dépense d'éducation représente 6,1 % de notre PIB, c'est-à-dire l'exacte moyenne de l'OCDE, et nos résultats scolaires enregistrés par les enquêtes PISA sont légèrement inférieurs à cette même moyenne[1]. De leur côté, l'Allemagne et le Japon ne dépensent que 5,1 % du PIB et sont pourtant bien mieux classés. La Finlande, modèle de réussite éducative s'il en est, ne dépense pourtant que 0,4 % de PIB de plus que nous.

Je note aussi que nous n'avons pas la même structure de dépense que les pays qui obtiennent les meilleurs résultats. Nous consacrons ainsi beaucoup moins de moyens au primaire et au supérieur et beaucoup plus au secondaire. Nous avons par ailleurs un taux d'encadrement par élève bien inférieur

1. Voir sur ce point annexes 1 et 2.

en maternelle et en élémentaire mais supérieur dans le secondaire.

On le voit : la France a les moyens budgétaires d'améliorer l'efficacité de son système éducatif et de progresser dans la réussite scolaire, mais à condition d'en modifier la répartition au profit du primaire. Mais nous ne pourrons pas concrétiser cette priorité en injectant de la dépense publique supplémentaire, sous peine d'accroître encore les déficits. Est-ce à dire que nous allons déshabiller le lycée pour habiller le primaire ? Évidemment non, mais nous devrons rechercher des marges de manœuvre dans le secondaire, par exemple en simplifiant ou en allégeant le système des options, ou en n'entreprenant pas de troisième langue vivante avant d'avoir dépassé un certain niveau dans les deux premières. J'assumerai ces choix.

Je souhaite en effet sanctuariser l'effort budgétaire global pour l'Éducation nationale à son niveau actuel pour la période 2017-2022, ce qui représente déjà un effort très important puisqu'il nous faudra réduire globalement notre dépense budgétaire et sociale.

JS : De tous les pays de l'OCDE, les élèves français sont ceux qui passent le plus de temps devant un enseignant. Or leurs performances restent inférieures. Ne faudrait-il pas envisager

la répartition des moyens à la lumière de ce constat ?

AJ : En effet. Les élèves français âgés de sept à huit ans vont à l'école 800 heures par an – un chiffre largement supérieur à la moyenne de l'OCDE – sur une période beaucoup plus courte. À titre de comparaison, les jeunes Finlandais du même âge passent 608 heures seulement devant un enseignant et commencent leurs journées d'école à 8 heures pour les finir à 13 heures. À mon sens, cet exemple prouve que la France souffre d'un réel problème d'adaptation du temps scolaire. J'ose croire que notre système pourrait être plus efficace non pas en diminuant le nombre de connaissances transmises aux élèves, mais en les transmettant autrement, avec des rythmes scolaires différents.

Pour toutes ces raisons, s'agissant des collèges et des lycées, il me semble nécessaire de laisser aux établissements scolaires – aux conseils éducatifs d'établissement – une marge de modulation. Comme je l'ai déjà dit, ils auront la possibilité d'ajouter ou de retrancher des heures de cours en fonction des besoins des élèves. Cette souplesse est encore étrangère à notre système éducatif, mais je pense qu'elle pourrait améliorer notablement nos performances.

JS : Si des moyens plus importants sont rebasculés vers la maternelle et le primaire, comment aider le collège à surmonter les difficultés qu'il concentre à l'heure actuelle ?

AJ : Entendons-nous : l'ensemble des mesures que je viens d'évoquer ne seront pas mises en place à la rentrée 2017. Accroître significativement la part du primaire prendra du temps, notamment en raison de la rigidité du système. Néanmoins, cette orientation devra être engagée dès le début du mandat.

S'agissant, maintenant, des 15 % à 20 % d'élèves en difficulté dès l'entrée en 6e, j'ai bon espoir que leur pourcentage diminue grâce à la réforme de l'enseignement primaire, ce qui allégera la tâche du collège. Pour ma part, au risque de m'attirer certaines critiques au sein de ma propre famille politique, le collège commun – je préfère cette expression à celle du « collège unique » – fréquenté par tous les jeunes Français me paraît être une réalité incontournable. À mon sens, l'abroger serait ouvrir la voie à un système ségrégatif où certains établissements recueilleraient les meilleurs éléments et d'autres les moins bons. Pour autant, il est désormais nécessaire de faire évoluer le collège commun vers une plus grande différenciation, une plus grande prise en compte du degré de compétence et de maturité des enfants. Une telle démarche implique, là encore, une responsabilisation accrue de l'établissement autour d'une équipe éducative dotée d'une marge de liberté pour gérer et répartir les heures d'enseignement.

Je crois aussi nécessaire d'élever le niveau global de connaissances de l'ensemble des jeunes Français. C'est une exigence sociale, culturelle mais aussi économique. Je ne me résous pas plus à l'idée que nous serions incapables de doter l'ensemble d'une génération du socle commun.

À cet égard, j'attends toujours que l'on m'explique ce que signifie « mettre fin au collège unique » et par quoi on le remplace. Est-ce à dire que l'orientation aujourd'hui en fin de collège serait avancée en 6e ou en 5e ? Certains nous expliqueront sans doute que c'est en orientant plus précocement encore les élèves que l'on revalorisera la filière professionnelle. Je ne partage pas cette analyse. Est-ce à dire qu'il n'y a rien à changer au collège ? Non bien sûr. Le collège est trop uniforme pour prendre en charge les élèves fragiles et les décrocheurs : les marges d'autonomie laissées aux établissements ne permettent aucunement d'individualiser sérieusement leur prise en charge. La gestion souple de la dotation horaire globale (DHG), c'est-à-dire « globalisée » et « annualisée », par les établissements est, je crois, la bonne réponse pour mettre fin à un collège qui ne sait pas remédier à ces difficultés. C'est ce que j'entends par collège commun.

JS : Comment cela fonctionnerait-il ?

AJ : Pour mesurer la portée de cette proposition, chacun doit comprendre comment les collèges et les lycées sont dotés. Schématiquement, chaque établissement reçoit un nombre d'heures calculé de la façon suivante : si le programme prévoit 5 heures de français par semaine en 6e, on dote l'établissement de 5 heures de français multipliées par les X semaines de l'année multipliées par le nombre de classe de 6e. Ce calcul est répété pour chaque niveau et chaque matière. L'établissement n'a presque aucune marge de manœuvre dans l'utilisation de cette dotation horaire globale. Je crois souhaitable d'annualiser cette dotation, c'est-à-dire de donner la possibilité aux équipes pédagogiques de décider si telle semaine, il faut 6 heures de français et telle autre 4 heures. Je crois souhaitable également de globaliser cette dotation, c'est-à-dire de la mutualiser entre les matières pour que l'on puisse décider de renforcer l'histoire ou les maths. Enfin, je préconise que l'utilisation de cette nouvelle dotation annualisée et globalisée soit laissée à l'appréciation des conseils éducatifs d'établissement – sachant que les établissements dits difficiles pourraient recevoir une sur-dotation de 10 %.

L'intérêt de cette proposition, vous l'aurez compris, est de permettre aux établissements de s'adapter à la réalité de leurs élèves. Par exemple, un établissement pourrait décider de concentrer l'effort sur trois ou quatre élèves décrocheurs en organisant pour eux une session d'été, ou bien de les doter d'une prise en charge presque individualisée en français ou en maths.

C'est une révolution pédagogique. Faire confiance aux équipes pour décider ce qui est le mieux pour leurs élèves. C'est mettre fin au collège uniforme pour que le collège commun perdure et que le socle commun de connaissances soit une réalité pour chacun.

Je le répète : je ne souhaite pas imposer d'en haut ce projet, mais laisser au conseil d'administration et au conseil éducatif d'établissement le choix entre une gestion classique et cette gestion libre et responsable.

Une dernière remarque sur ce point : il va sans dire que les représentants des professeurs au sein des conseils éducatifs ne seront pas déconnectés du reste de l'établissement. Ils auront des comptes à rendre à leurs pairs – je pense ici au projet éducatif qu'ils devront concevoir en consultant les autres acteurs de l'établissement. Ce projet pourra d'ailleurs être soumis aux candidats au poste de chef d'établissement pour les faire réagir et – pourquoi pas ? – aux familles, à titre informatif.

JS : À l'heure actuelle, le collège est considéré comme le lieu où sont préparés et orientés les

élèves avant leur entrée au lycée. Vous semblez au contraire en faire la continuation de l'école primaire, avec pour mission prioritaire l'acquisition des fondamentaux.

AJ : Pas exactement. L'articulation de la scolarité obligatoire autour de quatre grands cycles reste valable aujourd'hui. À mon sens, primaire et collège forment un bloc cohérent, malgré leurs différences. Ce bloc correspond à l'essentiel de la scolarité obligatoire et au socle commun.

On pourrait dès lors envisager de rattacher un certain nombre d'établissements du primaire au collège pour former une « école du socle » – laquelle aurait pour mission l'acquisition des éléments du socle commun de connaissances. Certains établissements du primaire pourraient eux – sans changer de site – se regrouper au sein d'un établissement public local d'enseignement (EPLE). Le choix de cette orientation sera laissé aux équipes dirigeantes.

Elles auront donc trois possibilités : conserver le mode actuel de gestion des écoles maternelles et élémentaires ; « basculer » en EPLE du premier degré ; ou rejoindre « l'école du socle ». Les équipes pédagogiques auront ainsi la liberté d'adapter leur organisation au projet de l'école. Le rectorat jouera à cet effet un rôle de coordination.

JS : Venons-en à la question des parents. Une étude américaine (la seule à s'être penchée sur le sujet) a souhaité déterminer s'il existait des traits communs entre les élèves en difficulté. Il y en aurait trois : tous ces enfants manqueraient de sommeil, ne prendraient pas de petit déjeuner et regarderaient la télévision le matin avant d'aller à l'école. En France, Le Coup de Pouce Clé a mis au point un programme pour empêcher les élèves de CP de prendre du retard dans l'apprentissage de la lecture. Les familles qui y participent s'engagent, de leur côté, à mettre leurs enfants en contact avec un élément écrit, à glisser un goûter dans leur cartable et à trouver une occasion de les féliciter chaque jour. Lorsque ces trois conditions sont remplies, on constate qu'ils obtiennent 100 % de réussite. Ce qui se passe à la maison semble donc essentiel pour la réussite des enfants. Par conséquent, nous nous trouvons face à une inégalité supplémentaire : il est plus facile d'accompagner ses enfants en étant soi-même éduqué, en ayant eu une enfance heureuse et en ayant réussi à l'école. Comment lutter contre cet état de fait ?

AJ : La France est le pays de l'OCDE où le lien entre la réussite scolaire et le milieu social est le plus fort. Deux chiffres : alors qu'à 2 ans, les enfants issus de milieux défavorisés présentent un retard dans leurs habilités langagières, à 4 ans, les enfants de familles aisées ont bénéficié de 1 000 heures d'apprentissage de plus et leur vocabulaire est trois fois plus étendu que les enfants des familles aux plus faibles revenus.

Ces études confirment une observation de bon sens : il vaut mieux vivre dans une famille harmonieuse, cultivée, attentive aux besoins de l'enfant, que dans une famille éclatée ou violente. Qu'une grande partie du développement de l'individu dépende de son milieu familial me semble tout à fait évident. Si certains d'entre eux connaissent beaucoup plus de mots que leurs camarades à l'entrée en maternelle, c'est parce qu'ils vivent dans un environnement qui leur permet d'enrichir leur vocabulaire. De ce point de vue, le rôle de la famille est absolument essentiel.

Mais, est-ce à l'école seule de gérer ce problème ? À mon sens, on ne peut pas demander à l'institution scolaire de se substituer totalement à la famille. Par conséquent, il convient de monter des dispositifs qui s'adressent directement aux familles sans forcément passer par l'école – je pense ici aux associations mais également au programme « Lire et faire lire », initié par Alexandre Jardin avec un immense succès. La société dans son ensemble, les collectivités locales et le tissu associatif ont donc un rôle à jouer pour accompagner les familles en grande difficulté. Cette mission est aussi celle de la politique de la ville. À titre d'exemple, la ville de Bordeaux a lancé une campagne d'alphabétisation dans les quartiers sensibles : certains parents ne peuvent pas lire de livres à leurs enfants parce qu'ils ne maîtrisent pas la langue française. Nous sensibilisons également les familles à un certain nombre de règles de vie pour faire grandir les enfants dans de bonnes conditions.

JS : La consultation que vous avez lancée montre que les rapports entre parents et enseignants sont complexes. Comment améliorer cette relation, lui donner sa juste place dans la vie de l'établissement et concilier des aspirations en fin de compte similaires ?

AJ : Les parents d'élèves élus participent à de nombreuses instances mais ils ont le sentiment de n'être pas assez reconnus et de ne pas disposer des outils nécessaires à l'exercice de leur mandat. Ils demandent que soit renforcé leur rôle dans les établissements.

Il faut d'une manière générale augmenter le nombre de circonstances permettant aux enseignants et aux parents de se rencontrer. Peut-être faut-il trouver des formules plus conviviales ou plus consensuelles que les conseils d'école. L'expérience l'a d'ailleurs prouvé au moment de la réforme des rythmes scolaires : à Bordeaux, comme dans d'autres municipalités, parents et enseignants ont été réunis pour bâtir le système dans l'intérêt des enfants. Essayons de créer ce climat de compréhension mutuelle et de rencontre. Pourquoi ne pas organiser au sein des établissements plus de réunions à destination de tous les parents afin d'échanger avec eux – autour des programmes ou des résultats de leurs enfants – ainsi qu'au cours d'entretiens individuels ? Bref, il faut davantage de communication entre les parents et l'école. Les ENT – espaces numériques de travail – permettent déjà aux parents de consulter les notes, les absences et les retards. Cela pourrait être étendu : par exemple, les professeurs pourraient y laisser des consignes pour les devoirs. Les parents ont trop souvent l'impression de n'être sollicités par l'école qu'au coup par coup, pour accompagner les sorties.

JS : De manière générale, le projet d'établissement fait l'objet d'une incompréhension. Bien souvent, les parents en ignorent la teneur – ou estiment qu'il est évident. D'après vous, les établissements doivent développer des projets et les porter de manière plus visible. Cependant, si les parents partageaient le projet de l'établissement, ils pourraient peut-être mieux accompagner leurs enfants…

AJ : Pour l'heure, le projet d'établissement me paraît être le produit de l'institution scolaire elle-même. Il est largement axé sur ce qui se passe à l'intérieur de l'école. L'idée de faire participer davantage les familles à son élaboration me semble une bonne chose. Le cas des rythmes scolaires a bien montré la nécessité de définir précisément l'articulation entre le temps scolaire, le temps péri-éducatif et le temps de l'enfant sous ses différents aspects... Cet objectif mériterait d'être renforcé.

JS : On constate à l'heure actuelle un hiatus entre la vie des jeunes à l'extérieur et à l'intérieur de l'école – entre la culture de l'immédiateté (qui est celle des élèves) et la volonté de concentration, de travail sur le long terme (qui est celle de l'école). Comment combler ce fossé ?

AJ : Par le dialogue, comme toujours. Les rencontres que nous évoquions seraient l'occasion pour les enseignants de faire passer des messages aux parents. L'éducation de l'enfant gagnerait à être le fruit d'une collaboration entre les enseignants et la famille, à condition que chacun fasse preuve de compréhension et de patience. Les collectivités locales ont elles aussi une mission à remplir dans ce travail d'éducation de l'enfant – en organisant les centres d'animation et de loisirs, notamment. Et n'oublions pas le sport qui, lui aussi, transmet des valeurs. Bien souvent, c'est sur les terrains de football et de rugby que les jeunes acceptent le plus facilement les règles et l'arbitrage.

JS : Vous évoquez le sport ; que pensez-vous de l'éducation artistique et culturelle ?

AJ : J'ai en tête une réponse d'un professeur de collège enseignant les arts plastiques qui m'écrivait dans le cadre de la consultation : « Je dispose d'une heure hebdomadaire par classe. C'est très peu. Pourtant, le programme révèle les atouts de cette matière : permettre aux élèves de prendre la parole et d'exprimer un regard singulier sur le monde. » Tout est dit !

Permettre aux jeunes de se situer dans le monde, de découvrir le patrimoine qu'ils partagent avec ceux qui les ont précédés est l'une des clefs d'une « identité heureuse ». Les outils ne manquent pas grâce au numérique ou aux visites de musées, d'accès souvent gratuit. Chaque région de France a en outre son histoire, ses monuments – châteaux ou églises –, son patrimoine rural ou industriel. Il y a là une mine inépuisable pour une éducation artistique et culturelle pour tous !

« En démocratie, chaque génération est un nouveau peuple », écrivait Tocqueville. C'est particulièrement vrai dans une époque comme la nôtre qui donne de nouvelles modalités d'accès aux savoirs. Mais ces espaces connectés ouvrent sur un monde de réseaux inconnus et parfois dangereux. L'école doit jouer un rôle essentiel d'éducation à l'image et de développement du regard critique.

Ne négligeons pas les pratiques artistiques et culturelles : la culture est aussi un dialogue entre générations ! Nous avons en France des milliers d'artistes, de musiciens, d'acteurs, de restaurateurs, d'archéologues, qui ne demandent qu'à faire partager leur passion. Que l'école ne craigne pas d'aller à leur rencontre !

JS : Dans la plupart des établissements, le projet est confondu avec les programmes. Pensez-vous qu'ils soient trop lourds ?

AJ : Je note qu'on en rajoute sans cesse : on attend de l'école qu'elle s'intéresse à de très nombreux sujets – y compris les sujets de société. D'un côté, on s'attache à enseigner les fondamentaux – lire, écrire, compter, raisonner, s'exprimer –, de l'autre, on initie les élèves à une foule de thématiques disparates – de la sécurité routière à l'environnement en passant par la sexualité. Quant aux programmes disciplinaires, ils donnent lieu à un casse-tête permanent : le moindre allègement conduit les enseignants de la matière concernée à dire qu'on appauvrit le savoir transmis aux enfants. Il convient donc de faire preuve d'équilibre, de bon sens dans la rédaction des programmes et d'aller à l'essentiel, sans se fixer d'objectifs surdimensionnés.

La polémique récente sur les programmes montre que c'est un sujet très sensible. Le ministère s'est doté en 2013 d'une instance spécifique, le Conseil supérieur des programmes. C'est une bonne idée mais il semble que son travail doive davantage tenir compte de l'avis des professionnels, des enseignants, des inspecteurs. Ce conseil a quelque peu raté son entrée en matière avec la réforme des programmes du collège : il aurait mieux valu, pour son autorité, qu'il fixe des orientations et qu'après une large consultation, il donne son avis sur des textes rédigés sous la responsabilité du ministère, au lieu de s'exposer comme il l'a fait et de devoir faire machine arrière sur des points contestés. Il faut que les programmes soient lisibles et qu'on cesse de manier un jargon qui tourne en ridicule ceux qui l'emploient. Souvenons-nous par exemple de la piscine définie comme un « milieu aquatique profond standardisé » ! Les élèves et les parents lisent les programmes. Ils doivent aussi être conçus pour eux.

JS : Ne serait-il pas logique de fusionner le programme et le socle commun ?

AJ : Le programme doit clairement être une déclinaison du socle. Il me semble important d'articuler les deux éléments. Au lieu de se focaliser sur une année scolaire, il est préférable de s'appuyer sur les cycles pour couvrir l'intégralité des programmes en quatre ans, avec, pour objectif, l'acquisition du socle commun, comme c'est déjà la tendance. À mon sens, il faut donner de la souplesse aux enseignants. Je ne suis pas convaincu que les professeurs puissent à tout prix traiter l'ensemble du programme – et cela ne date pas d'aujourd'hui. Permettez-moi de raconter une anecdote personnelle : alors que je participais au Concours général d'histoire, j'ai tiré un sujet portant sur les conséquences de la Première Guerre mondiale. Or mon professeur s'était arrêté en 1914. Du coup, j'ai rendu copie blanche !

Soyons clairs : l'école ne peut pas tout transmettre. Les enfants ont aujourd'hui à leur disposition une série de moyens qui leur permettent d'apprendre des choses en dehors de la salle de classe (de façon désordonnée et parfois contestable, il est vrai). Mais l'école n'a pas le monopole du savoir : sa mission essentielle est de former le jugement, l'esprit critique – la façon d'apprendre à apprendre, si j'ose dire. La méthode est plus importante que la densité. L'apprentissage de la science l'atteste – Yves Quéré a écrit des pages lumineuses sur ce sujet[1] : certaines choses sont vraies, et d'autres sont fausses. Tout ne se vaut pas. Le monde actuel nous pousse à apprendre à

1. Voir son texte p. 152.

trier, à hiérarchiser, à analyser – cela me semble être la mission fondamentale de l'école.

JS : La récente réforme du collège a souhaité donner du sens aux différents contenus disciplinaires en mettant l'accent sur l'interdisciplinarité. Quelle est votre position sur ce point ?

AJ : Je suis plutôt séduit par cette idée. Après tout, les mathématiques et la physique ne sont pas deux matières complètement étanches. De la même façon, le lien entre histoire et littérature me semble évident, alors pourquoi ne pas les rapprocher ? Au fond, si l'interdisciplinarité suscite des réticences, c'est que les enseignants craignent d'appauvrir le contenu de leur discipline en le partageant avec d'autres. Cette crainte me semble infondée. Tout est affaire de contenu et de méthode. Je me plais d'ailleurs à croire qu'on pourrait donner aux professeurs de collège une formation multidisciplinaire. Cela enrichirait tout le monde et permettrait peut-être d'assouplir les conditions de fonctionnement des établissements.

JS : Vous avez évoqué une sorte de moratoire sur les programmes. Cependant, comptez-vous remodeler les contenus en fonction de votre vision de l'école avant de le décréter ?

AJ : Une évaluation des programmes me semble effectivement nécessaire pour déterminer les lacunes et les corrections à apporter. Il faudra se concentrer sur quelques points majeurs, notamment l'apprentissage du français, de son vocabulaire et de sa grammaire. Le texte d'Yves Quéré montre aussi l'importance d'une éducation précoce et vivante à la culture scientifique.

Je suis certain, s'agissant de l'histoire, que cette évaluation mettra fin aux débats épuisants et sans intérêt pour l'élève auxquels nous assistons depuis trop longtemps. Et je suis persuadé qu'une approche équilibrée entre approche chronologique et thématique sera trouvée. C'est d'ailleurs ce que les enseignants sur le terrain mettent en œuvre, avec un bon sens dont on devrait s'inspirer plus souvent. J'ai dit aussi ma volonté de ne pas laisser mourir de sa belle mort l'enseignement des langues anciennes, qui sont au fondement de notre culture.

Pour autant, je le répète : une telle approche n'exige pas que l'on remette en chantier une énième réécriture globale des programmes.

JS : Venons-en maintenant à la question du décrochage. Les élèves qui sont en échec sur l'apprentissage de la lecture au début de l'école primaire ont du mal à rattraper leur retard et cumulent des lacunes. Dans bien des cas, celles-ci

conduisent au décrochage. Comment éviter qu'un enfant se retrouve dans cette situation ?

AJ : Tout d'abord en faisant le bon diagnostic – de façon détaillée et individualisée. Le décrochage d'un élève est l'effet d'un ensemble de facteurs : beaucoup sont liés au contexte familial et aux troubles du comportement de l'enfant.

Or, le dispositif d'évaluation des élèves est au point mort. Cette évaluation, en partie standardisée, est considérée dans la majorité des pays comme étant la clé pour permettre la mobilisation des équipes pédagogiques, la motivation de l'enfant, la mesure de la progression et le repérage des difficultés, la reconnaissance des réussites éducatives comme le soutien aux établissements. Elle doit donc être revue, et reposer sur deux volets : des critères liés aux cadres nationaux, clairs et obligatoires, et des critères retenus dans le cadre du projet d'établissement.

L'évaluation pourrait ainsi bénéficier d'outils standardisés fournis par l'agence nationale d'évaluation déjà évoquée et de grilles élaborées par les équipes enseignantes des écoles et des établissements, conformément au cadre national et au projet de l'établissement. Ces grilles seraient officialisées dans le projet d'établissement soumis au recteur. En outre, la formation à l'évaluation des équipes est également une clé de la performance du système, car c'est elle qui leur permet de savoir où faire porter l'effort – notamment pour les disciplines où le décrochage temporaire peut entraîner un décrochage définitif, comme les mathématiques.

Une fois le diagnostic posé, plusieurs acteurs doivent entrer en jeu. L'enseignant ne peut pas agir seul : il faut amener l'équipe pédagogique, la direction de l'école, les parents, le psychologue scolaire à former une sorte de « commando » – l'expression revient souvent dans la consultation des enseignants – et à s'impliquer dans la remédiation de l'enfant. Cela implique-t-il pour autant des moyens particuliers ? À mon sens, il s'agit surtout d'une question d'organisation au sein de l'école.

La capacité à individualiser la prise en charge des enfants est fondamentale. Je le répète : la différenciation pédagogique est difficile à réaliser dans la configuration actuelle. Mais la nouvelle gestion de la dotation horaire globale que je propose la permettra. Par exemple, l'équipe pédagogique pourra mettre en place un sas de remise à niveau, de valorisation individuelle, de reprise de confiance pour les élèves qui en auront besoin. Avec des délais variables selon les cas.

Cette nouvelle organisation implique deux exigences : se doter d'outils de repérage précoce de la difficulté et mobiliser des enseignants spécifiquement formés à la remédiation. L'équipe pourra également choisir de réserver une partie de la dotation horaire globale pour des sessions individuelles pendant les vacances pour pallier au plus vite les premiers signes de décrochages et éviter les redoublements.

Précisons que les troubles visuels et auditifs ont aussi leur importance. À Bordeaux, le système de médecine scolaire qui passe les enfants en revue l'a souvent prouvé : un enfant dont la vue est mauvaise décroche. Et pour cause : il ne peut pas lire ce qui est écrit au tableau ! À cet égard, la médecine scolaire doit être mieux reconnue. Si l'on estime que la santé est un outil précieux pour la réussite de tous les élèves en permettant de détecter les difficultés et les troubles d'apprentissage, il faudra bien se préoccuper de son devenir. Le seul indicateur en la matière est le taux de visites médicales à l'âge de six ans : il est de 65 % alors qu'il devrait être de 100 % ! Dans des quartiers difficiles, le médecin ou l'infirmière scolaire est pourtant souvent le premier recours pour les familles. Un médecin scolaire qui exerce en Seine-Saint-Denis reçoit le lundi matin des enfants qui n'ont pas été soignés pendant le week-end !

JS : D'aucuns estiment qu'attacher trop d'importance à ce sujet équivaut à un nivellement vers le bas. Du coup, comment remédier au problème du décrochage et tirer tout le monde vers le haut ?

AJ : Ces deux objectifs n'ont rien de contradictoire. À mon sens, la possibilité d'adapter le système, de lancer des expérimentations, de gérer la dotation horaire globale de façon pluriannuelle doit permettre de les remplir tous les deux. Renforcer un enseignement pour venir en aide à un groupe d'élèves en difficulté ne doit pas pénaliser les autres.

JS : Ne faudrait-il pas évaluer le coût du décrochage ? D'après plusieurs études menées dans des pays européens, celui-ci s'élèverait entre 1 et 2 millions d'euros par décrocheur sur l'ensemble de sa vie active. En France, 150 000 jeunes sortent du système scolaire sans aucune qualification : 150 milliards d'euros seraient donc « perdus » chaque année. Ce chiffre ne prouve-t-il pas que la lutte contre le décrochage est un investissement utile pour la nation ?

AJ : Hélas, un tel mode de raisonnement est peu compris, c'est le moins que l'on puisse dire, par le ministère du Budget ! En général, dans toutes les politiques de prévention (y compris en matière de santé), on considère qu'une recette future est d'abord une dépense immédiate. Néanmoins, la nécessaire redistribution des moyens que j'évoquais devra mettre l'accent sur la lutte contre le décrochage, qui aura en outre l'avantage de produire des économies à terme. Mais surtout parce qu'il s'agit de l'avenir des lycéens !

Dans tous les travaux français ou étrangers, plusieurs facteurs personnels ont été reliés au risque d'abandon de l'école. L'échec scolaire et les troubles d'apprentissage figurent certes parmi les variables importantes et le plus souvent rapportées. Mais cela ne suffit pas. Il a été clairement montré que beaucoup de décrocheurs manifestent des comportements inadaptés associés à des troubles affectifs. L'influence de l'environnement familial, de la dépression et des troubles du comportement est aussi un des déterminants dont il faut tenir compte dans les pratiques de repérage et de prise en charge. Beaucoup mettent l'accent sur certaines lacunes sociales et un manque de motivation ou d'intérêt pour l'école. Il est indispensable de reconnaître les besoins particuliers des élèves. On le sait : la formation d'équipes transdisciplinaires à la prévention précoce du décochage est un facteur majeur pour y remédier.

JS : En définitive, pour certains décrocheurs, le modèle de l'excellence académique n'est pas adapté. Or c'est sur lui que repose en grande partie le système scolaire français. Ne faudrait-il pas valoriser sincèrement et durablement les autres chemins de la réussite que sont les voies professionnelles et l'apprentissage ? Au fond,

l'intelligence manuelle mérite autant d'attention que l'intelligence académique...

AJ : Sans aucun doute. Tous les enfants n'ont pas le même degré de maturité, les mêmes talents : certains se révèlent à quinze ans, d'autres à vingt-cinq. Certains sont doués pour les disciplines purement intellectuelles, d'autres pour les disciplines manuelles. Le système doit également les prendre en compte. Il doit, comme le dit joliment Alain Bentolila, assurer « l'équilibre entre la main et la tête[1] ».

De mon point de vue, l'idée de personnaliser les parcours, d'assouplir les filières traditionnelles, fait l'objet d'un consensus assez général. Mais tout le problème est de savoir comment y parvenir. Pour l'heure, nous n'y arrivons pas. Partant de là, certains accusent le collège unique d'alimenter cette situation en mettant tout le monde dans le même moule sans tenir compte des différences. Faut-il le remplacer par un système à l'allemande, qui compte des établissements d'excellence et d'autres qui conduisent à des voies de garage ? Évidemment non. Conservons donc un collège commun tout en essayant d'assouplir les choses et de tenir compte des talents de chacun.

Le système d'orientation détient à cet égard un rôle central : il doit convaincre les différents acteurs

1. Voir son texte p. 141.

qu'il existe plusieurs possibilités, que l'enseignement général n'est pas la voie exclusive. Cela suppose un travail avec les familles, l'Éducation nationale elle-même et les partenaires extérieurs. Cette articulation est très importante. Il faut que l'orientation aille plus loin, en faisant venir dans les collèges des représentants des métiers – y compris des métiers manuels, pour montrer qu'ils ont leur valeur, qu'ils sont attractifs, qu'ils requièrent eux aussi un bon niveau de culture générale. Il s'agirait ainsi de faire comprendre aux enfants mais aussi aux parents – qui pourraient être associés à ces rencontres – les potentialités de chaque métier et, surtout, les perspectives réelles d'emploi. À quoi bon se lancer dans une filière pour découvrir quelques années plus tard qu'il n'y a pas de travail ? Bien sûr, ce genre de rencontres existe déjà, mais pas suffisamment. Une meilleure articulation sera aussi nécessaire avec les entreprises et les régions, qui jouent un rôle majeur dans les filières de formation.

Néanmoins, il s'agit là d'une action de longue haleine. Et pour cause : l'Éducation nationale elle-même reste encore très réticente à l'idée de laisser l'enfant sortir du système scolaire pour effectuer une partie de sa formation. Il faut briser cette barrière. Pourquoi ne pas proposer par exemple aux enseignants des visites ou séjours en entreprises – ou en tout cas les intégrer à leur formation initiale ?

On pourrait également envisager de rapprocher les lycées professionnels – qui relèvent de l'Éducation nationale – et les centres de formation d'apprentis (CFA) – qui relèvent davantage du monde du travail : sans aller jusqu'à une fusion – qui serait prématurée –, il y a des passerelles à établir. Il convient aussi de faire en sorte que les formations qui y sont proposées soient davantage adaptées aux besoins des entreprises.

Il faut également agir sur l'entreprise elle-même, car la situation de notre pays est pour le moins paradoxale. J'ai souvent l'occasion d'entendre des patrons me vanter les mérites de l'apprentissage en me citant l'exemple de l'Allemagne. Nos voisins ont en effet trois fois plus d'apprentis et un taux de chômage des jeunes trois fois inférieur au nôtre. Chez eux, l'entrée en apprentissage se fait à vingt ans. Celui-ci dure trois ans, il est considéré comme une pré-embauche (contrairement à ce qui se passe en France) et conduit souvent à l'emploi – pas forcément dans l'entreprise où a eu lieu le stage, d'ailleurs. Je précise qu'en Allemagne, l'apprentissage ne dispose d'aucune aide financière alors qu'il y a cinq dispositifs différents en France !

Entendons-nous : même si le système allemand n'est pas entièrement transposable, il faut s'en inspirer davantage. Les entreprises françaises sont aujourd'hui trop réticentes à engager des apprentis en raison des coûts que cela implique. Compte tenu des contraintes qui pèsent sur l'emploi d'un apprenti – lequel n'est pas toujours là puisqu'il passe une partie de son temps à l'école –, il est actuellement plus cher de prendre un jeune que de recruter quelqu'un en CDD. Il faut donc rééquilibrer cette situation.

En attendant, on a eu tort de baisser un certain nombre de primes d'apprentissage. J'ai d'ailleurs découvert tout récemment que la région Aquitaine les avait diminuées pendant deux années de suite. Résultat : en 2014, le nombre d'apprentis a baissé de 14 % par rapport à l'année précédente et continue de diminuer.

Par conséquent, agissons sur les familles, l'Éducation nationale et les entreprises pour relancer l'apprentissage ! J'en ferai une cause nationale. Je le répète : mon objectif est d'obtenir 100 % de jeunes maîtrisant le socle commun et 100 % de jeunes qualifiés.

JS : Vouloir que 100 % d'une classe d'âge obtienne le baccalauréat vous semble-t-il pertinent ?

AJ : Admettons que ce soit le cas. Que passe-t-il ensuite ? Je suis évidemment favorable à monter le niveau de l'enseignement, qu'il soit général, technologique ou professionnel, et à permettre au maximum de jeunes d'avoir le bac. Mais faisons plutôt réussir 100 % des jeunes engagés dans une filière qui leur donne le maximum de chances d'accéder, par la suite, à une vie professionnelle qui corresponde à leurs attentes. Le voilà, le véritable objectif ! On ne demande pas à un maître-nageur de faire de tous ses élèves des champions mais qu'ils aient tous appris à nager pour ne pas se noyer !

Concernant le bac, je sais que ce sujet concentre des débats sans fin depuis de nombreuses années. Je ne crois pas à sa suppression dans sa forme actuelle, même si je crois souhaitable de diminuer le nombre d'épreuves pour en réduire la lourdeur. Je souhaite par ailleurs qu'après le bloc primaire/collège, on identifie mieux un bloc lycée/début du supérieur – ce que l'on appelle communément le bac-3/bac+3. En effet, les bacheliers généraux et technologiques ont plutôt vocation à poursuivre leurs études dans le supérieur, tandis que les bacheliers professionnels ont plutôt vocation à rejoindre directement le monde professionnel. Il est impératif de mieux assurer l'orientation du secondaire vers le supérieur, notamment en actant le fait que les bacheliers technologiques doivent pouvoir rejoindre l'enseignement supérieur court – lequel doit retrouver sa mission « professionnalisante », et non plus être un substitut du premier cycle universitaire.

JS : Pour trouver son équilibre dans l'existence, un enfant doit trouver l'élément qui lui permette de conjuguer passion et talent – c'est ce que pense le grand spécialiste de l'éducation, Ken Robinson. Que peut-on faire pour aider les jeunes à y parvenir ?

AJ : Soyons clairs : l'État et l'Éducation nationale ne peuvent pas se substituer aux choix individuels. Chaque parcours est une alchimie personnelle : il revient à chacun de mûrir petit à petit sa vocation et de chercher le meilleur moyen de la satisfaire. Néanmoins, il faut créer les conditions permettant à tout le monde d'en arriver là. Cela passe d'abord par l'information et l'orientation – pour savoir ce qui est possible – puis par l'accompagnement dans les différents parcours.

N'oublions pas aussi qu'on peut trouver sa voie tardivement : il faut accepter de tâtonner, et parfois de se tromper. J'entends souvent dire que notre pays ne reconnaît pas le droit à l'échec. C'est particulièrement vrai dans le monde de l'entreprise : en France, faire faillite revient à être marqué du sceau d'infamie. J'ai eu l'occasion de rencontrer tout récemment Nicolas Hazard, l'un des grands promoteurs de l'entreprise sociale – c'est-à-dire une entreprise profitable mais qui affecte son argent dans un esprit plus social. Il m'a raconté que, dans la Silicon Valley, avoir un CV faisant mention de deux échecs est plus valorisant que d'avoir tout réussi ! Preuve en est qu'on peut rebondir après avoir échoué : un enfant a le droit de se tromper et de se réorienter. Pourquoi le priver d'une seconde chance ?

JS : Les études internationales montrent que les élèves français sont les moins heureux d'Europe.

AJ : Permettez-moi de nuancer. Les enfants que j'ai souvent l'occasion de rencontrer dans ma fonction de maire ne me semblent pas malheureux. Il y a peu de temps, à Bordeaux, une classe de l'école publique Anatole-France a participé à la remise de la médaille des Justes parmi les nations aux deux personnes qui avaient sauvé le grand rabbin de la ville pendant la guerre. Pendant toute la cérémonie, ces enfants ont récité des poèmes, chanté l'hymne national israélien en hébreu et *La Marseillaise* la main sur le cœur. On les a applaudis et félicités : ils étaient heureux ! Certes, cet échantillon n'est pas le plus représentatif, mais il permet de nuancer le jugement de ces enquêtes. Peut-être faut-il y voir un lien avec les études qui font de la France le pays le plus morose du monde…

J'observe que de nombreux chefs d'entreprise ont beau juger que la conjoncture économique est catastrophique, la plupart affirment qu'ils s'en sortent bien. C'est peut-être la même chose avec les élèves. Rien n'empêche de concilier le bonheur avec le goût de l'effort en milieu scolaire, à condition de mettre en valeur les enfants. Le film de Marie-Castille Mention-Schaar, *Les Héritiers*, le montre très bien : en les poussant à prouver leur valeur, une enseignante d'histoire arrive à remotiver des élèves qui se croyaient mauvais. On peut obtenir des résultats en donnant confiance et en faisant confiance. Malheureusement, l'école ne fait pas assez confiance aux enfants, ni aux enseignants.

JS : On s'accorde pour dire que l'école doit être bienveillante, notamment en matière de notation. Notre système de notation chiffrée ne va-t-il pas à l'encontre de cet idéal ?

AJ : Si l'école n'est pas là pour assurer la réussite des enfants et leur donner le bonheur d'apprendre, à quoi sert-elle ? Sa mission n'est pas de punir ; on peut avoir une vision exigeante mais aussi bienveillante de la discipline.

Mais le débat engagé dernièrement sur la fin des notes me paraît stérile. Nos enfants vont être amenés à évoluer dans un monde ouvert où leurs capacités seront évaluées en permanence dans leur travail. Il serait absurde que l'école renonce à mesurer la performance de chacun. Pourtant, il est nécessaire aussi d'aller vers une école qui encourage les enfants à aller de l'avant, à ne pas être paralysés par la crainte de mal faire. En ce sens, elle devrait se montrer plus « bienveillante », sans aucun laxisme. Les évaluations PISA ont montré que les élèves français sont plus « frileux » que les autres : ils préfèrent laisser une question sans répondre plutôt que de courir le risque de se tromper. Il faut réhabiliter le droit à l'erreur – à la condition que l'élève soit invité à faire l'effort d'en comprendre la raison et de la corriger.

Dans les petites classes, la notation a été quasiment abandonnée pour être remplacée par des appréciations. Des expériences de classes sans notes ont été menées au collège et ont fourni des résultats qui ne sont en rien négatifs. Il existerait 2 000 expériences de ce type dans les collèges et les lycées. Il s'agit d'initiatives de professeurs ou de chefs d'établissements, qui y voient un moyen de remédier à la grande difficulté scolaire et à l'inefficacité de la notation chiffrée sur 20 pour aider l'élève à progresser. Par conséquent, procédons à des expérimentations et voyons ce qui marche. Néanmoins, il est nécessaire de porter une appréciation sur la façon dont un élève travaille et progresse : tôt ou tard, les enfants doivent être notés.

Je propose un véritable cadrage national de l'évaluation : il faut clarifier le lien entre les programmes et celle-ci. Mieux définir, au sein des programmes, ce qui est attendu des élèves, sur le modèle du socle commun défini par la loi de 2005.

JS : Selon Emmanuel Davidenkoff, le numérique est en train de changer la donne en matière d'éducation. D'après lui, nous assistons à l'heure actuelle à un véritable tsunami numérique. Partagez-vous ce point de vue ou pensez-vous

qu'il s'agit d'un gadget, certes utile mais guère déterminant ?

AJ : Si l'Éducation nationale considérait que le numérique n'était qu'un gadget, elle serait le seul endroit au monde à défendre cette idée ! Le numérique a changé nos vies et va continuer à le faire. Nous sommes à l'aube d'une révolution qui n'a produit que ses premiers effets, dans tous les domaines – le commerce, la santé, l'industrie... Pourquoi l'éducation y échapperait-elle ? Une question mérite cependant d'être posée : saurons-nous maîtriser cette technologie ou en serons-nous les esclaves ? Tout remplacer par des tablettes est évidemment impensable : le professeur ne disparaîtra jamais des salles de classe. L'idée que le numérique tue les relations humaines et le rôle de l'individu n'est pas exacte : c'est un outil qui peut être extrêmement performant dès le plus jeune âge, notamment dans l'apprentissage des langues. Au lieu de demander à des instituteurs d'apprendre l'anglais aux enfants alors qu'ils ne maîtrisent pas forcément cette langue, pourquoi ne pas les aider grâce aux tablettes ? De la même façon, permettre aux élèves de visiter un musée grâce aux tableaux interactifs est une avancée formidable !

En outre, le numérique peut jouer un rôle dans la formation continue des enseignants. Les professeurs pourraient disposer d'une salle où ils suivraient grâce à des écrans des cours du Collège de France ou la conférence d'un spécialiste de l'éducation. Encore faut-il, bien évidemment, les former à la bonne utilisation pédagogique de ces nouveaux outils qui investissent de plus en plus les salles de classe.

JS : Finissons cet entretien en reparlant d'un sujet essentiel : la place des enseignants.

AJ : Mon objectif est de remettre l'enseignant au cœur du système, au moins autant que l'élève. Tant que les professeurs ne seront pas formés de façon adéquate, tant qu'ils se sentiront mal dans leur peau, rien ne fonctionnera.

L'essentiel, à mes yeux, est que ceux qui s'engagent dans cette voie d'excellence – nous leur confions l'avenir de nos enfants – possèdent au plus profond d'eux-mêmes ce qu'on appelle la vocation – « se vouer à » – et le goût de transmettre leurs connaissances avec la rigueur et l'impartialité que l'on attend d'un maître, comme on disait autrefois.

La question la plus grave aujourd'hui est de pouvoir disposer pour les concours de candidats de qualité en nombre suffisant, ce qui n'est pas toujours le cas. Il arrive même qu'il y ait moins de candidats que de places ouvertes ! C'est le signe du désarroi et du manque d'attractivité de ce métier dans ses conditions actuelles d'exercice.

Dès lors, faut-il changer le mode de recrutement radicalement ? Je ne le crois pas. Mais on peut se poser deux questions : faut-il organiser le concours dès le Master 1 en privilégiant la spécialisation sur les métiers de l'éducation ou attendre le master 2 en optant pour un élargissement du vivier de recrutement ? Je serai attentif à ce que le débat ouvert par ce livre nous dira.

Il convient aussi d'élargir la possibilité d'entrer dans le métier plus tardivement, après d'autres expériences professionnelles, et favoriser, réciproquement, les reconversions d'enseignants qui le souhaitent.

Il est aussi nécessaire de se demander pourquoi le métier d'enseignant a cessé d'être attractif et trouver le moyen d'y remédier. Les conditions matérielles et la considération que la société lui porte doivent être améliorées : pour attirer des jeunes diplômés, cette profession doit être revalorisée. Il y a encore quelques décennies, les agrégés et les instituteurs étaient respectés. Cela étant, certains professeurs, une minorité heureusement, auraient tout intérêt à s'interroger sur leur responsabilité dans l'évolution du regard qu'on pose sur eux : ce n'est pas en traitant l'élève comme un copain ou en venant faire cours dans une tenue négligée qu'on s'attire le respect des autres. Cette profession possède une éthique : il faut la respecter.

Par ailleurs, de nombreux professeurs devront être mieux payés qu'à l'heure actuelle. Le ministère de l'Éducation nationale a choisi depuis des années de privilégier le nombre d'enseignants sur la rémunération. Selon l'INSEE, la moyenne de la rémunération nette annuelle des enseignants est de 30 129 euros, alors qu'un cadre non enseignant perçoit 46 345 euros, soit un écart de 35 %. Le décalage tient notamment aux primes et indemnités servies. Les enseignants français apparaissent par ailleurs moins bien rémunérés que leurs homologues étrangers. Selon l'OCDE, cet écart atteindrait 14 % dans l'enseignement primaire[1].

J'ajoute que le nombre d'heures de cours des enseignants français du premier degré est très largement supérieur à la moyenne de l'OCDE (+17,4 %) et inférieur pour le second degré (- 8 %). On pourrait envisager une revalorisation de 15 à 20 % pour les enseignants du premier degré par l'augmentation des primes. Ce coût important, évalué entre 1,1 à 1,5 milliard d'euros, pourrait être financé par redéploiement au sein du budget de l'Éducation nationale. Il y a, on le sait, beaucoup de postes d'optimisation de la dépense dans ce ministère, dont il faudra tenir compte.

JS : Est-ce suffisant ?

AJ : Non. Cette revalorisation indemnitaire, pour importante qu'elle soit, ne pourra à elle seule attirer les meilleurs. Pardonnez-moi de me répéter mais,

1. Voir annexe 3 ci-après.

là encore, pour donner de l'attractivité au métier, il faut le diversifier, donner des responsabilités, une capacité de décision aux équipes enseignantes.

Il faut également favoriser la promotion interne des professeurs. Je pense ici à la possibilité d'assumer des responsabilités dans le système, par exemple accéder au grade de chef d'établissement, participer au Conseil éducatif d'établissement en tant que chargé de mission, ou accéder à un statut plus reconnu pour les enseignants tuteurs de leurs collègues débutants – fonction dont l'utilité est admise par tous. La fonction de l'enseignant n'est pas uniquement de transmettre son savoir : il peut également participer à la vie de l'établissement et à sa gestion.

Reste l'épineuse question de la mobilité qui est commune à toutes les filières de la fonction publique : pendant mon passage au Quai d'Orsay, j'ai essayé de créer des passerelles entre la diplomatie, les autres administrations et le monde de l'entreprise. Pourquoi ne pas en faire autant dans l'Éducation nationale ? Une entreprise peut avoir besoin de recruter des professeurs – dans la direction des ressources humaines ou pour faire de la formation.

JS : À partir du collège et du lycée, les enseignants n'ont plus de temps de présence obligatoire en dehors de leurs heures de cours. Ne

devraient-ils pas rester plus longtemps sur leur lieu de travail ?

AJ : Le décret de 1950 modifié sur les obligations de service n'est pas bâti sur ce modèle et vous avez vu dans le passé les vives oppositions que toute remise en cause de ces dispositions suscite immédiatement. Je suis convaincu que l'expérience de responsabilisation des établissements conduira les acteurs eux-mêmes à s'interroger sur ce point et à réfléchir à une adaptation du temps.

Pendant mon expérience d'enseignant au Québec – il est vrai à l'université –, j'avais en tout six heures de cours hebdomadaires, ce qui me demandait un important travail de préparation, sans compter la correction des copies. Par ailleurs, je devais être disponible vis-à-vis de mes étudiants – pour répondre à leurs courriels ou les recevoir. Même s'il est impossible de mesurer la quantité de travail qu'ils fournissent chaque semaine, les enseignants doivent être conscients qu'ils ont un rôle à jouer dans l'établissement, à l'égard des élèves et des parents. Sans doute faudra-t-il faire évoluer les programmes immobiliers pour créer des salles équipées, où les professeurs pourront les recevoir sans être dérangés. C'est le cas dans les écoles neuves.

Je veux profiter de cette occasion pour tordre le cou à l'une des idées reçues les plus ancrées dans notre imaginaire collectif : le temps de travail des enseignants. À en croire certains, ils travailleraient

15 ou 18 heures par semaine et huit mois sur douze. À la lecture des paroles de professeurs, je mesure combien ces attaques les blessent : certains n'osent plus afficher en public leur profession de peur d'une remarque désobligeante. Des enquêtes montrent qu'en ajoutant aux heures de cours la préparation et les corrections, un professeur des écoles travaillerait 1 434 heures par an en maternelle et 1 518 heures en élémentaire, soit de 5 % à 10 % de moins que le temps de travail moyen des Français – qui serait de 1 607 heures par an. Dans le second degré, la différence serait de 12 à 15 %. Il faut ajouter à ces enquêtes, certes déclaratives, les études de l'OCDE, qui démontrent que les enseignants du premier degré ont plus d'heures de cours que dans la moyenne des pays étudiés et que ceux du second degré en ont légèrement moins.

Nous sommes donc bien loin des idées reçues. Il n'en demeure pas moins que le temps passé dans l'établissement est moins important en France qu'ailleurs et que la définition du temps scolaire reste strictement disciplinaire, alors même que les missions légales du service vont bien au-delà.

JS : La consultation que vous avez lancée laisse entrevoir deux conceptions opposées du métier d'enseignant. Les uns disent qu'ils aiment passionnément leur matière, d'autres sont heureux de voir les enfants grandir à leur contact.

AJ : À mon sens, c'est parce qu'on aime les enfants qu'on devient enseignant ! Travailler avec eux est une chance merveilleuse. Même si un enseignant exerce pendant quarante ans le même métier, il a toujours des publics différents en face de lui, ce qui n'est pas le cas dans toutes les professions ! La passion pour sa discipline est importante, mais ce qui rend généralement un enseignant heureux, c'est de voir un enfant s'épanouir ou un étudiant réussir.

Je le répète : c'est à l'école que se joue l'avenir de notre pays. Il faudra beaucoup de pédagogie pour vaincre les réticences et les conservatismes. Cela étant, comme partout ailleurs dans la société française, il suffirait de peu de chose pour faire naître la confiance et repartir de l'avant.

Ce livre ne fait qu'ouvrir le débat autour de l'éducation : il a vocation à déboucher sur un véritable programme de gouvernement. Mais, pour réformer, il faudra aussi se donner du temps, s'autoriser des expérimentations, accepter d'éventuels ajustements – sans pour autant jamais renoncer ni aux objectifs poursuivis, ni au dialogue et à la concertation.

Conclusion

« Il faut toujours enseigner la vérité aux hommes, il n'y a jamais d'avantage à les tromper », disait d'Alembert.

Ce pourrait être une devise de professeur, comme d'homme politique.

C'est en tout cas le pari que j'ai fait dans ce livre.

Dire les choses telles qu'elles sont, en faisant témoigner les acteurs du système éducatif – au premier rang desquels les professeurs et les parents. Exposer ce qui ne marche pas, mais aussi ce qui va, sans chercher à polémiquer – ou à répartir entre la gauche et la droite les fautes ou les mérites. Puis proposer des orientations et lancer le débat sur la réforme de l'Éducation nationale.

Ce livre n'est donc pas un programme de gouvernement.

Il n'en est pas moins inspiré par un certain nombre de convictions fortes, fondées sur un état d'esprit et articulées autour d'une ambition et de deux objectifs principaux.

L'état d'esprit, c'est de mener à bien les réformes dont notre pays a besoin et qui ont été trop longtemps différées. C'est pour réformer que je solliciterai le mandat des Français en 2017 et c'est à réformer que je me consacrerai s'ils me choisissent.

L'ambition, s'agissant de l'école, est qu'elle permette la réussite et l'épanouissement de tous ou, pour reprendre la belle formule de Paul Langevin, « la promotion de tous et la sélection des meilleurs ». Le monde qui nous attend, largement – inéluctablement – ouvert sur l'extérieur, sera dur et compétitif. Je suis convaincu que notre avenir se joue là : sur la capacité de notre système éducatif à préparer au mieux les générations futures aux défis de demain.

À cette fin, j'ai deux objectifs prioritaires : assurer à tous les jeunes Français le socle commun des savoirs fondamentaux à la fin du collège et garantir à chacun une véritable qualification, adaptée aux besoins de la société, à la sortie du système éducatif.

La France, qui est dans la moyenne des performances éducatives dans les enquêtes internationales de l'OCDE, doit revenir dans les premiers de la classe ! Nous avons un riche passé, des professeurs dans l'ensemble de grande qualité, des ressources immenses : il n'y a aucune raison de ne pas y parvenir. Je propose de nous fixer comme impératif de gagner rapidement dix places dans chacun des volets du classement international de référence PISA. C'est possible : d'autres pays l'ont fait.

Pour cela, je propose d'agir sur quatre leviers principaux[1].

D'abord, les premières années de l'enseignement primaire, puisque, comme on l'a vu, c'est là qu'une grande partie de la réussite éducative se joue. Je suggère d'accroître substantiellement l'effort budgétaire dans ce domaine, y compris en revalorisant de façon conséquente la rémunération des professeurs, qui sont souvent moins bien payés que dans les pays comparables. Cela pourra être financé par redéploiement au sein du ministère. Des marges de manœuvre existent.

Le deuxième levier est de modifier la gouvernance des établissements scolaires. Ils pourraient désormais, dans un cadre national, disposer d'une réelle liberté d'organisation et pédagogique. Avec pour seul but : la réussite des élèves. Plus libres, ils seront aussi plus responsables. Ils pourront ainsi s'appuyer sur un système d'évaluation indépendant, régulier et performant.

Le troisième levier est la revalorisation du statut d'enseignant. Les professeurs seront mieux formés, mieux rémunérés et mieux accompagnés au cours de leurs fonctions. Ils disposeront de nouvelles opportunités de carrière, en ayant une plus grande liberté d'affectation et en occupant des fonctions

1. Voir détail des orientations ci-après.

de responsabilité nouvelles au sein d'établissements plus autonomes.

Enfin, la priorité pourrait être donnée à l'articulation entre le lycée et l'enseignement supérieur, à la formation en alternance et à l'apprentissage, ainsi qu'aux filières technologiques. Sait-on qu'alors que le taux de chômage des jeunes de moins de vingt-cinq ans culmine à 25 %, il y aurait encore environ 400 000 emplois non pourvus dans notre pays ? On doit à l'évidence mieux adapter le système éducatif aux besoins de l'économie.

J'entends déjà ceux qui me disent que l'Éducation nationale n'est pas réformable et que toutes les réformes ont échoué. Outre que ce n'est pas vrai, ce défaitisme n'est pas un argument.

Pour aller souvent à la rencontre des Français, je pense au contraire que notre pays est mûr pour de grandes réformes. Nos concitoyens sont conscients que la fuite en avant, à coup de dépenses publiques, d'impôts supplémentaires et de déficits ne mène à rien. Qu'il faut changer de logiciel – ce qui ne veut pas dire, évidemment, faire table rase ! Que beaucoup d'autres pays qui ont accepté de se réformer ne s'en portent que mieux – je pense notamment à nos deux grands voisins, chacun dans un genre différent : l'Allemagne et le Royaume-Uni. Il suffit qu'on explique les choses à nos concitoyens, qu'on élabore avec eux les solutions et qu'ils soient pleinement parties prenantes de leur mise en œuvre. C'est aussi le but de ce livre.

Mais, là encore, il ne faut pas mentir : cela prendra du temps. Et si on pourra avoir, assez vite, de très bons résultats, la réussite de la formation d'un élève s'apprécie sur le long terme.

Pour cela, il faut retisser la confiance. Une confiance que j'ai sentie dans les témoignages des professeurs, autant que dans ceux des familles. Mais une confiance hélas souvent perdue vis-à-vis des institutions, comme des partis politiques. Le débat que je propose a également pour but d'y contribuer.

Cet ouvrage en annonce en effet d'autres, sur d'autres grands domaines de réforme, comme les missions de l'État ou l'économie. Et d'autres sujets de débat…

Les difficultés auxquelles notre pays est confronté, de fait, sont nombreuses, et les défis immenses. Je suis persuadé – et nos compatriotes me le confirment souvent – que nous sommes à la croisée des chemins : soit la France poursuit dans une forme d'immobilisme, et elle sera déclassée, soit elle accepte, unie, de se réformer et elle pourra rester ou revenir au premier rang. Quand je dis unie, je ne me fais pas d'illusions : je sais bien qu'il y aura toujours des voix discordantes.

Je crois, et pense souvent, à ce que disait de Gaulle de notre pays : souvent divisé, parfois au bord du gouffre, mais qui a toujours su réagir dans les circonstances graves de son histoire, « ranimé par le génie du renouveau ». Nous y sommes.

Pour cela, ma méthode reste la même : « Apaiser, rassembler, réformer. » Apaiser pour rassembler et rassembler pour réformer. Par rapport à beaucoup d'autres pays, nous avons eu trop souvent une approche conflictuelle, clivante et polémique des problèmes. Je suis convaincu qu'au fond d'eux-mêmes, les Français n'en veulent plus.

J'attends donc leurs réactions, leurs suggestions, leurs propositions.

Je suis convaincu que notre pays ne pourra réussir sans, globalement, l'adhésion de tous, ni l'énergie de chacun.

En un mot, je leur dis : « Faisons-nous confiance ».

Principales orientations

Deux priorités nationales :

1. Assurer à tous les jeunes Français une maîtrise complète de la langue française et du socle commun des savoirs fondamentaux à la fin du collège.

2. Assurer à tous une véritable qualification à la sortie du système éducatif.

Un objectif général :

Faire remonter la France de 10 places dans chacun des volets du classement international PISA.

Cinq axes majeurs pour y parvenir :

À budget constant pour le ministère de l'Éducation nationale, par redéploiement de moyens.

I. Accroître substantiellement l'effort sur les classes de maternelle et de CP

Le retard accumulé à la fin de la maternelle n'est en général jamais rattrapé dans les classes élémentaires et s'accentue au collège. Il faut donc intervenir dès la crèche.

1) Recruter dans les crèches des animateurs linguistiques qualifiés pour offrir à tous les enfants plusieurs heures par semaine d'écoute et de conversation dans une langue soutenue ; combler ainsi les retards de vocabulaire.

2) Concentrer les moyens sur les classes de maternelle et de CP, pour réduire fortement le nombre d'élèves par classe et rejoindre le taux d'encadrement des pays les mieux classés de l'OCDE. Pour les élèves les plus en difficulté, créer de petits groupes spécifiques de quatre ou cinq notamment. Ces nouveaux moyens seraient issus de la rationalisation du système dans son ensemble, notamment par un redéploiement des moyens du second degré.

3) Enrichir la formation des enseignants du premier degré par une meilleure connaissance des spécificités de

la maternelle, en particulier les mécanismes d'apprentissage linguistique.

4) Approfondir l'apprentissage d'une première langue étrangère, avec pour objectif l'amélioration significative du niveau en fin de troisième[1]. L'apprentissage d'une deuxième langue vivante serait conditionné à un début de maîtrise de la première.

II. Revaloriser le statut d'enseignant

C'est une exigence absolue pour attirer les meilleurs et améliorer l'efficacité du système éducatif. Les expériences d'autres pays le montrent.

5) Procéder à un rattrapage des rémunérations des enseignants par rapport à la moyenne de ceux de l'OCDE, en commençant par le premier degré, où les salaires seraient augmentés de 10 % dès la première année du mandat.

6) Améliorer la formation initiale des enseignants, par une place importante donnée à la préparation de la gestion de classe, une diffusion des résultats d'évaluations scientifiques et l'accroissement du rôle des enseignants tuteurs. Sans renoncer à l'excellence dans la maîtrise des contenus des matières, accroître la connaissance par les enseignants des processus d'apprentissage grâce, en

1. Objectif correspondant au niveau A2, voire B1, du cadre européen commun de référence pour les langues.

particulier, à une meilleure connaissance des neurosciences cognitives.

7) Mettre en place une véritable formation continue des enseignants, notamment en diffusant plus largement les contenus par internet et en permettant aux enseignants d'en valider les acquis. Le rôle des professeurs tuteurs serait élargi. Une salle dédiée à la formation des enseignants serait mise en place dans chaque établissement.

8) Confier aux professeurs de nouvelles responsabilités et opportunités d'affectation et de carrière dans le cadre d'établissements plus autonomes.

III. Donner de nouvelles responsabilités aux équipes pédagogiques

Les équipes pédagogiques sont la clé de la réussite des élèves. Il est donc proposé de leur donner une liberté et des responsabilités nouvelles à cette fin, dans le cadre d'établissements plus autonomes.

9) Confier à un Conseil éducatif d'établissement, travaillant en équipe sous la direction d'un directeur principal, la direction de l'établissement et la gestion de ses moyens. Ce Conseil se composerait d'enseignants responsables ou coordonnateurs élus par leurs pairs, en nombre variable selon la taille de l'établissement. Il pourrait y avoir notamment un coordonnateur pédagogique, un responsable de l'orientation, un responsable

des relations extérieures et des partenariats, un responsable des relations avec les parents, un coordonnateur par discipline ou groupe de disciplines, un responsable du suivi individuel et de la remédiation... Le directeur serait choisi par le Conseil éducatif et le Conseil d'administration parmi plusieurs candidats proposés par le recteur, qui nommerait celui retenu. Un contrat d'objectifs et de moyens lierait les établissements et le rectorat.

10) Permettre aux écoles primaires qui le souhaitent de se regrouper au sein d'un même établissement – sans changer de site – avec une équipe de direction unique, ou de créer une « école du socle », regroupant un collège et ses écoles de rattachement.

11) Permettre aux collèges et aux lycées qui le souhaitent de gérer la totalité de leur dotation horaire globale pour mieux répondre aux besoins des élèves[1].

IV. Une évaluation indépendante, régulière et performante

L'évaluation est un l'outil majeur pour repérer les difficultés, prévenir le décrochage et améliorer la performance du système éducatif. Elle est aussi l'indispensable corollaire de la responsabilisation des équipes pédagogiques.

1. La dotation horaire globale (DHG) correspond à l'ensemble des heures de cours de toutes les matières dispensés dans un collège ou un lycée. Aujourd'hui, les établissements ne sont pas libres de répartir les heures de mathématiques ou de français, par exemple, en fonction des besoins de leurs élèves.

12) Prévenir le décrochage dès la maternelle et le début du primaire : une évaluation constante des connaissances et des compétences fondamentales des enfants et, au moindre signe de décrochage, la mise en place de modules d'enseignement en très petits groupes, voire individuels, pour combler les retards et consolider les acquis.

13) Fournir, pendant tout le déroulement de la scolarité, des outils d'évaluation performants à l'ensemble des enseignants pour faciliter le repérage des difficultés et permettre aux équipes d'organiser des sessions intensives, au besoin dans une seule matière, grâce à la dotation globale de moyens qui leur serait confiée. Un groupe spécifique, « commando », pourrait intervenir dès les premiers signes de décrochage (absences injustifiées, évaluations en baisse...) avec des méthodes adaptées, en y associant les parents d'élèves concernés.

14) Organiser, six mois avant la fin de chaque cycle, une évaluation complète pour apprécier les progrès des élèves et identifier leurs lacunes. Offrir à ceux qui en ont besoin des séances personnalisées, intensives, d'une ou plusieurs semaines, pour atteindre le niveau attendu.

15) Créer une agence nationale de l'évaluation, de l'innovation et de la performance scolaire, indépendante, chargée notamment de repérer systématiquement les bonnes pratiques en France et à l'étranger, d'en apprécier la valeur scientifique et de favoriser des méthodes efficaces d'évaluation des élèves, des établissements et de leurs équipes. Elle mènerait une évaluation indépendante

de la progression des établissements et encouragerait leur propre évaluation, clé de la performance sur le long terme.

V. L'orientation et l'apprentissage au service de la qualification et de l'emploi

Le chômage français touche particulièrement les personnes dépourvues de toute qualification. Le retour de la croissance ne sera pas suffisant pour réduire durablement le nombre de chômeurs et de bénéficiaires du RSA. C'est en donnant une qualification adaptée à 100 % des jeunes Français qu'on réduira efficacement leur taux chômage.

16) Améliorer le suivi et l'orientation des élèves. Instaurer un rendez-vous semestriel obligatoire entre les parents et l'équipe pédagogique pour faire le point sur l'évolution des résultats, prévenir un décrochage éventuel et assurer une information régulière sur les orientations envisageables. Rendre plus fréquente la présentation de métiers au sein des établissements, dès le collège, par des personnes exerçant ces professions. Rétablir et rendre accessible à tous l'option de découverte professionnelle.

17) Confier l'ensemble de la formation professionnelle (lycées professionnels) et de l'apprentissage aux régions.

18) Rapprocher la formation professionnelle et l'apprentissage, notamment entre les centres de formation d'apprentis (CFA) et les lycées professionnels.

19) Mieux adapter les formations aux besoins des entreprises et réduire le nombre de CAP et de baccalauréats professionnels[1].

20) Réduire substantiellement le coût de l'apprentissage pour les entreprises et simplifier le contrat d'apprentissage.

1. Il existe à ce jour 215 spécialités de CAP, 50 spécialités de BEP et 63 spécialités de baccalauréat.

Annexe 1 : Données principales sur la dépense publique d'éducation en France et dans le monde

1. Une dépense publique d'éducation élevée, supérieure à la moyenne des pays de l'OCDE

En 2013, la dépense intérieure d'éducation (DIE) – qui mesure ce que la collectivité nationale alloue à notre système éducatif – a été estimée à 144,8 milliards d'euros, soit un ratio de 6,8 % du produit intérieur brut[1]. Bien que ce montant soit resté stable depuis les

1. La dépense intérieure d'éducation représente toutes les dépenses effectuées, sur le territoire national, par l'ensemble des agents économiques, administrations publiques centrales et locales, entreprises et ménages, pour les activités d'éducation : activités d'enseignement scolaire et extra-scolaire de tous niveaux, activités visant à organiser le système éducatif (administration générale, orientation, documentation pédagogique et recherche sur l'éducation), activités destinées à favoriser la

trente dernières années, dans une fourchette comprise entre 6 % et 8 % du PIB, la DIE a crû plus vite que le PIB entre 1980 et 2006 (2,3 % par an[1], contre 2,2 %). Sur les périodes récentes, entre 2006 et 2013, l'évolution des deux agrégats a été comparable, avec toutefois des évolutions annuelles différentes[2].

Les comparaisons internationales placent la France dans la moyenne des pays de l'OCDE s'agissant des dépenses d'éducation[3]. En 2011, les pays de la zone ont consacré, en moyenne, 6,1 % de leur PIB au financement de leur système éducatif, comme la France. Si l'on restreint cette comparaison aux seules dépenses publiques d'éducation[4], notre dépense nationale s'élève à 5,6 % du PIB contre 5,3 % pour la moyenne des

---

fréquentation scolaire (cantines et internats, médecine scolaire, transports) et dépenses demandées par les institutions (fournitures, livres, habillement). Source : ministère de l'Éducation nationale, de l'enseignement supérieur et de la recherche – direction de l'évaluation, de la prospective et de la performance (MENESR-DEPP) – novembre 2014. http://cache.media.education.gouv.fr/file/2014/75/8/DEPP_NI_2014_37_cout_education_2013_evaluation_provisoire_compte_366758.pdf

1. Taux de croissance annuel moyen.

2. Alors que le PIB baissait entre 2008 et 2009, la DIE a continué à croître jusqu'en 2009 (elle s'élevait à 7,15 % du PIB). Elle s'est ensuite stabilisée entre 7,05 % et 6,80 % à partir de 2010, jusqu'en 2013.

3. Il convient de noter que la dépense d'éducation au sens de l'OCDE n'est pas la même que la DIE. Les dépenses considérées ici sont les dépenses publiques et privées directes des établissements d'enseignement, tous services confondus (services éducatifs, services auxiliaires, recherche et développement en lien avec l'enseignement supérieur).

4. Les dépenses publiques d'éducation incluent les dépenses directes au titre des établissements d'enseignement et les subventions publiques versées aux ménages et gérées par les établissements d'enseignement.

pays de l'OCDE[1], soit un écart de l'ordre de 6 milliards d'euros[2]. Rapportée à un élève ou un étudiant, la dépense annuelle française s'est élevée en 2011 à 10 500 dollars, un montant supérieur de plus de 10 % à la moyenne de l'OCDE (9 500 dollars).

2. Une dépense d'éducation privilégiant le secondaire aux dépens du primaire

La répartition des ressources présente un déséquilibre entre le primaire et le secondaire. Les dépenses par élève scolarisé dans l'enseignement secondaire sont 20 % plus élevées en France que dans la moyenne des pays de l'OCDE (11 100 dollars, contre 9 300 dollars en moyenne), tandis que celles par élève du primaire sont inférieures de 20 % à cette moyenne (6 900 dollars, contre 8 300 dollars)[3]. Ce déséquilibre est d'autant plus marqué quand on tient compte du taux d'encadrement des élèves par classe, nettement plus élevé dans le primaire (18,9[4] contre 15,3 pour la moyenne des pays

1. Source : https ://data.oecd.org/fr/eduresource/depenses-publiques-d-education.htm#indicator-chart ; tous niveaux, en % du PIB, 2011.

2. Avec une hypothèse de PIB de 2 000 milliards d'euros.

3. Source : http://www.oecd.org/edu/France-EAG2014-Country-Note-french.pdf, *Regards sur l'éducation 2014, les indicateurs de l'OCDE.*

4. Effectif d'élèves en équivalents temps plein d'un niveau d'enseignement divisé par le nombre d'enseignants, également en équivalents temps plein, au même niveau d'enseignement et dans le même type

de l'OCDE) que dans le secondaire (12,5 contre 13,5 pour la moyenne des pays de l'OCDE).

Cette différence peut s'expliquer par la multiplicité des options dans le secondaire ainsi que par un nombre élevé d'élèves par classe en primaire et au collège. La France est en effet un des pays où, avec 272 matières, le nombre d'options est un des plus élevés, ce qui peut nuire à la lisibilité et à la cohérence de l'offre éducative.

Par ailleurs, si le calendrier scolaire français est concentré sur un nombre de jours limité, le volume horaire annuel est l'un des plus importants des pays de l'OCDE. D'ailleurs, le temps d'instruction dans l'enseignement général obligatoire est dans notre pays supérieur de 10 % à celui de la moyenne des pays de l'OCDE (8 284 contre 7 475 heures d'instruction). De ce fait, la journée des écoliers et collégiens français est plus dense et plus chargée que celle de la plupart des autres élèves dans le monde. C'est également le cas des lycéens.

Malgré un niveau élevé et maintenu pendant la crise économique et financière, la dépense d'éducation n'a pas permis d'enrayer une baisse des résultats de notre système, comme en témoigne l'enquête PISA (cf. annexe 2).

---

d'établissement. Ce ratio ne doit pas être confondu avec la taille effective des classes ; il ne tient pas compte du temps d'enseignement pour les élèves ni du temps de travail des enseignants. Source : http://www.oecd.org/fr/edu/eag2013%20(Fr)--post-B % C3 % A0T %2013%2009%20 2013%20(eBook)-v12.pdf

Annexe 2 : La comparaison internationale des résultats scolaires mesurés par l'enquête PISA

Les enquêtes PISA[1], réalisées par l'OCDE[2], ont débuté en 2000 et se déroulent tous les trois ans ; elles visent à mesurer le niveau des élèves de quinze ans dans les pays de l'OCDE et les pays partenaires, quel que soit le niveau atteint par les élèves[3]. Elles sont fondées sur une étude récurrente de trois disciplines ou groupes de compétences : les mathématiques, la maîtrise de la langue maternelle et les sciences, avec à chaque fois une discipline dominante. Les mathématiques ont ainsi été la dominante de la session 2012.

---

1. *Program for International Student Assessment*, ou Programme international pour le suivi des acquis des élèves.
2. Organisation de coopération et de développement économiques.
3. En France, par exemple, les élèves concernés peuvent donc être scolarisés entre la troisième et la première.

En 2012, l'OCDE a étudié un total de 65 pays représentant 80 % de l'économie mondiale[1]. Le nombre de pays étudiés ayant évolué depuis les premières enquêtes de 2000, où le périmètre était réduit à 32 États, l'évolution du classement doit être maniée avec précaution. Ainsi, si l'on restreint l'analyse aux 34 pays membres de l'OCDE, sans les économies partenaires, la France occupait la 13ᵉ position en 2003 et la 18ᵉ en 2012[2]. Si l'on s'intéresse à toutes les économies qui ont demandé à figurer dans ce classement, notre pays occupe alors la 25ᵉ place, perdant trois places par rapport à 2009.

Cette étude montre que si la France se situe aujourd'hui globalement dans la moyenne, elle accuse une détérioration globale du niveau moyen d'éducation depuis le début de l'enquête, due à une hausse de la proportion des élèves les plus faibles et à une baisse de leur niveau – recul particulièrement marqué entre 2003 et 2006.

1. 510 000 élèves sur 28 millions d'élèves âgés de 15 ans scolarisés dans les 65 pays et économies participants ont fait partie de l'échantillon des épreuves PISA en 2012.

2. Source : http://www.oecd.org/education/PISA-2012-results-france.pdf ; *France, PISA 2012 : Faits marquants.*

1. Le net recul de nos performances en mathématiques entre 2003 et 2006 n'a pas été compensé depuis

D'après l'enquête PISA réalisée en 2012, la France se situe à la 25e place concernant le niveau de ses élèves en mathématiques, dans la moyenne des 65 pays étudiés. L'échelle des scores varie de 368 pour le Pérou à 613 pour Shanghai (Chine). Celui obtenu par la France s'établit à 495 alors que la moyenne des pays de l'OCDE atteint 494.

Évolution du score PISA en mathématiques en France et dans l'OCDE

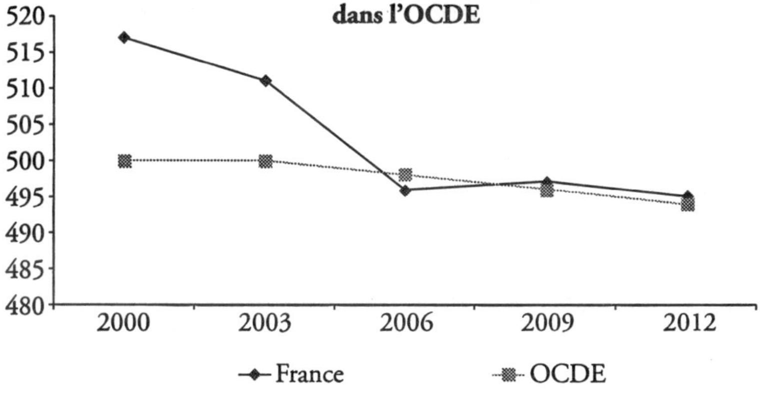

Le décrochage de la France dans cette discipline est net. En 2000, notre pays obtenait un score de 517 en mathématiques (à la 8e place[1]), soit une baisse de 22

1. Le classement est à prendre avec précaution car on observe de nombreux pays avec des scores proches. Il convient par ailleurs de

points en douze ans (et une baisse de 16 points par rapport à 2003, où le score s'élevait à 511 points). Cette chute s'explique par une légère baisse du score des élèves performants (les 10 % des élèves les plus performants ayant obtenu 6 points de moins en 2012 qu'en 2003) et une baisse nettement plus marquée de celui obtenu par les élèves les moins performants (les 10 % des élèves les moins performants ayant obtenu 23 points de moins en 2012 qu'en 2003).

En 2000, le niveau en mathématiques des élèves français se situait au-dessus de celui des élèves autrichiens, danois et allemands notamment. Douze ans plus tard, ces trois pays ont amélioré leur score et dépassaient la France (PISA 2012).

2. Malgré un recul en 2006, le niveau de nos élèves en français en 2012 reste comparable à celui de 2000

Concernant la maîtrise du français à l'écrit, la France a obtenu un score de 505, supérieur à la moyenne de l'OCDE (496). Notre pays atteint ainsi la 21e place dans cette discipline. Le plus petit score est de 384 (Pérou)

prendre en compte les incertitudes de mesure ainsi que les différences de périmètre.

et le meilleur est obtenu par Shanghai (Chine) avec un niveau de 570. Malgré une nette baisse enregistrée en 2006, le niveau des élèves français s'est maintenu par rapport au début des années 2000, la France obtenant alors un score de 505 et se situant à la 10e place.

Évolution du score PISA en compréhension de l'écrit en France et dans l'OCDE

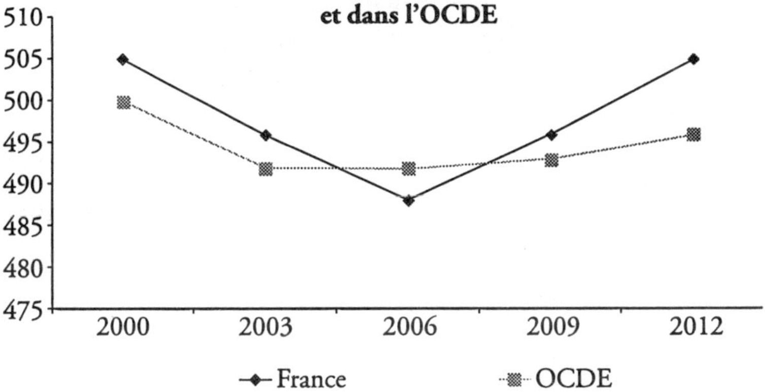

Toutefois, ce score masque une nette augmentation de l'écart de niveau entre les élèves les plus performants et les moins performants. Si la proportion d'élèves très performants[1] est passée de 9 à 13 %, celle d'élèves peu performants[2] s'est accrue de 15 à 19 %. Notre pays est l'un de ceux qui présentent le plus grand écart de score entre ces deux groupes d'élèves.

1. Élèves de niveau 5 ou 6 sur l'échelle de compréhension de l'écrit.
2. Élèves de niveau 2.

On note aussi que la France est désormais dépassée par la Suisse et l'Allemagne (alors que le niveau de ces pays était inférieur au nôtre en 2000). En 2012, leur score est respectivement de 509 et 508, soit 4 et 3 points de plus que la France.

3. S'agissant de la culture scientifique, la France se situe dans la moyenne des pays de l'OCDE et ses résultats sont stables depuis 2006

En sciences, la France a obtenu un score de 499 en 2012, ce qui la situe à la 26e place des 65 pays étudiés. La moyenne de l'OCDE s'établit à 501 et les scores des pays étudiés varient entre 373 et 580, obtenus respectivement par le Pérou et Shanghai (Chine).

Évolution du score PISA en sciences en France et dans l'OCDE

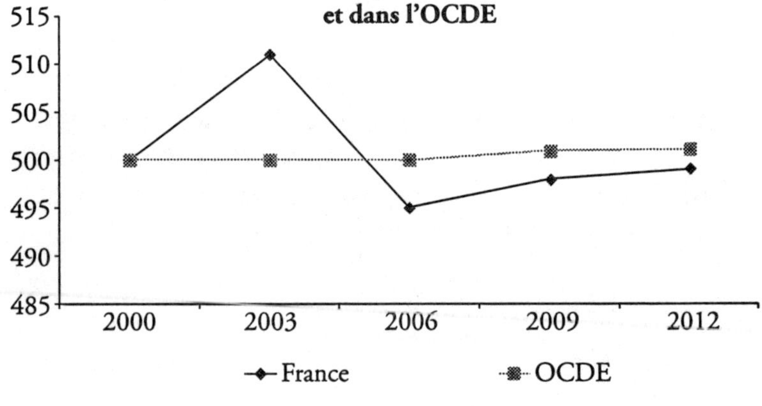

Comme en mathématiques, et malgré une nette hausse entre 2000 et 2003, le niveau des élèves français en sciences s'est dégradé entre 2003 et 2006 pour atteindre 495. Ainsi, alors que la France présentait le même niveau (500) que l'OCDE en 2000 (à la 10e place), notre pays n'est jamais repassé au-dessus de ce score moyen après 2003 et reste stable depuis 2006.

4. Un exemple de prise de conscience nationale : l'Allemagne

Si l'enquête PISA ne constitue qu'un élément de mesure parmi d'autres de la performance du système scolaire, elle peut devenir un outil puissant d'adaptation de la politique éducative par les gouvernements. Certains pays (Pologne, Allemagne...) ont ainsi décidé de mettre en place une politique active d'amélioration, parfois après la révélation d'une dégradation de leurs résultats.

En Allemagne, la révélation de ses mauvais scores lors de la première enquête PISA de 2000 a contribué à la réforme entreprise sous le Chancelier Gerhard Schröder (la publication de l'enquête avait été qualifiée à l'époque de « choc PISA »). Cette réforme a touché l'ensemble des leviers de la politique éducative : évaluation plus fine et régulière des élèves, lutte précoce contre le décrochage et augmentation du soutien individuel, lutte précoce contre les inégalités, en particulier dans les jardins d'enfants, amélioration de la formation des enseignants et implication plus forte des parents.

Évolution du score PISA de l'Allemagne en mathématiques, sciences et allemand

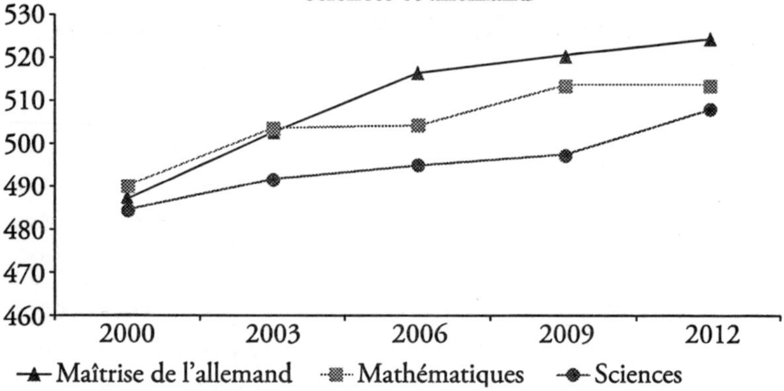

Cette prise de conscience nationale et régionale (le gouvernement fédéral autant que les Länder) a permis à l'Allemagne de remonter dans les classements PISA, tout en diminuant les écarts de performance entre les élèves les plus performants et les moins performants. Ainsi, l'Allemagne est-elle passée de la 20e place sur 32 en 2000 à la 16e place sur 65 en 2012, avec une progression dans tous les domaines. Différentes mesures ont été mises en œuvre, comme l'individualisation de certains enseignements (groupes de soutien en effectifs réduits avec une aide aux devoirs par exemple), une adaptation des rythmes scolaires avec de plus grandes plages d'ouverture des établissements (beaucoup fermaient en début d'après-midi) et une incitation plus grande à effectuer des travaux en groupe. Elle a enfin mené une véritable révision des programmes scolaires pour les rendre plus cohérents. Au-delà de la performance globale, l'ensemble de ces mesures a aussi permis à l'Allemagne de réduire ses inégalités scolaires.

Annexe 3 :
La rémunération des enseignants

1. Des rémunérations d'enseignants nettement inférieures aux autres pays de l'OCDE, mais partiellement compensées

À formation et poste équivalents, les enseignants français sont, en moyenne, moins rémunérés que leurs homologues issus des pays de l'OCDE. Le salaire statutaire des enseignants du premier et du second degré est inférieur à la moyenne des pays de l'OCDE, non seulement pour les enseignants en début de carrière mais aussi pour ceux qui ont acquis dix ou quinze ans d'expérience professionnelle[1].

1. L'indicateur produit par l'OCDE compare le salaire annuel brut des enseignants de l'enseignement public, tel que défini par les barèmes officiels (salaire statutaire). Ces données n'incluent donc pas les primes et autres allocations dont ne bénéficient pas tous les enseignants.

En France, la rémunération statutaire moyenne des enseignants ayant au moins quinze ans d'ancienneté s'élève en effet à 34 000 dollars, contre 39 000 dollars dans la moyenne des pays de l'OCDE dans l'enseignement primaire (soit un écart de 13 %).[1] Concernant le premier cycle de l'enseignement secondaire, le salaire moyen s'élève à 37 100 dollars contre 40 600 dollars dans l'OCDE (soit un écart de 9 %), et dans le second cycle de l'enseignement secondaire, à 37 400 dollars contre 42 900 dollars dans l'OCDE (soit un écart de 13 %).

Salaire annuel statutaire des enseignants après 15 ans d'exercice (en €)

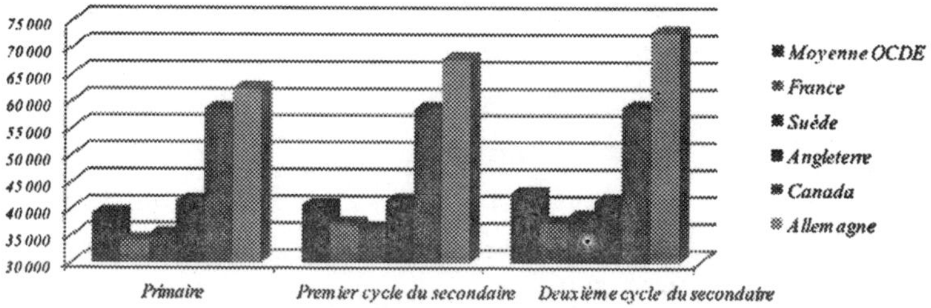

Après prise en compte de toutes les primes et allocations (appelées également accessoires) versées aux enseignants, l'écart de rémunération réelle est partiellement compensé, en particulier dans l'enseignement secondaire (le salaire réel moyen se situe à un niveau comparable à la moyenne de l'OCDE).

1. Cf. *Regards sur l'éducation 2014, les indicateurs de l'OCDE.*

Salaire moyen réel des enseignants (en €)

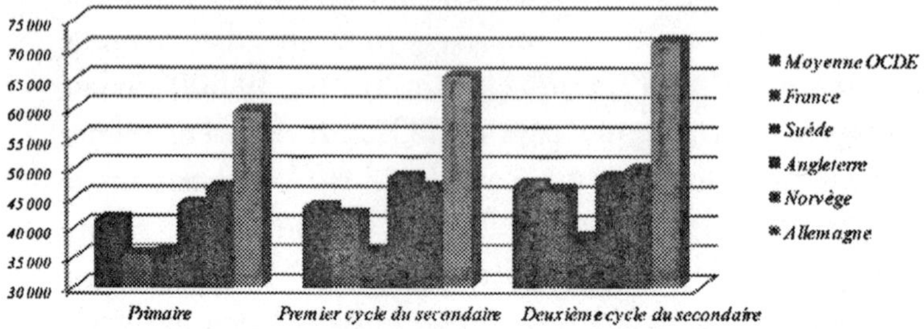

La rémunération réelle moyenne s'élève à 35 400 dollars contre 41 300 dollars dans la moyenne des pays de l'OCDE dans l'enseignement primaire (soit un écart de 14 %). Concernant le premier cycle de l'enseignement secondaire, le salaire moyen s'élève à 42 200 dollars contre 43 400 dollars en moyenne dans l'OCDE (soit un écart de 2 %) et, dans le second cycle de l'enseignement secondaire, à 46 200 dollars contre 47 200 dollars en moyenne dans l'OCDE (soit également un écart de 2 %).

2. La prise en compte de la totalité de la rémunération des enseignants fait apparaître un fort écart entre les enseignants du primaire et ceux du secondaire

La prise en compte de la totalité de la rémunération en incluant les primes et autres compléments de salaire illustre nettement l'écart de traitement entre le premier et le second degré. Dans le premier degré, le salaire ne représente en moyenne que 72 % de celui d'un actif de niveau comparable (contre 85 % en moyenne dans l'OCDE) et, dans le deuxième cycle du secondaire, 95 % (contre 92 % dans l'OCDE). De plus, l'impact de la carrière sur l'écart de salaire entre les enseignants du primaire et ceux du secondaire est plus marqué en France par rapport à la moyenne de l'OCDE.

Le niveau des salaires des enseignants du primaire apparaît relativement peu attractif, tant par rapport aux autres diplômés de l'enseignement supérieur, qu'au regard des comparaisons internationales.

Annexe 4 :
Un système source d'inégalités croissantes

1. La corrélation entre le milieu socio-économique et le niveau des élèves est plus marquée en France qu'ailleurs et s'est aggravée au cours des dernières années

Dans son enquête PISA, l'OCDE mesure le niveau socio-économique des élèves grâce à l'indice de statut économique, social et culturel (SESC). Cet indice prend en compte trois éléments : le statut professionnel le plus élevé des deux parents, le niveau de formation le plus élevé de ceux-ci et le patrimoine familial.

L'enquête PISA relève qu'en France, l'augmentation d'une unité de l'indice SESC entraîne une augmentation de 57 points du score en mathématiques. C'est une des augmentations les plus significatives au sein de l'OCDE, où la moyenne est de 39 points[1] (ce score étant considéré comme équivalent à une année d'étude). En outre, cet impact s'est amplifié depuis 2000 (43 points en 2000, 55 en 2006, avec un maximum de 58 points en 2009). De même, la proportion des élèves issus de catégories modestes et qui affichent de très bons scores a nettement diminué, passant de 7,4 % en 2003 à 4,9 % en 2012, et la proportion d'élèves « résilients »[2] (22 %) est également inférieure à la moyenne de l'OCDE (26 %).

Ce constat peut être analysé au regard des taux de réussite au baccalauréat (comme l'illustre le graphique ci-dessous[3]), où les enfants de cadres supérieurs affichent un taux de 94 %, contre 83 % pour les enfants d'ouvriers.

L'origine socio-économique a également une influence sur le nombre d'années d'études post-bac. Ainsi, les enfants d'ouvriers sont surreprésentés en SEGPA[4] mais très minoritaires en niveau master ou doctorat[5].

1. La moyenne de l'OCDE est calculée sur les 29 pays participants en 2003 et en 2012. Source : http://multimedia.education.gouv.fr/DEPP/etat_ecole_2014/files/assets/basic-html/page 57.html ; MENSR, DEPP

2. Les élèves résilients sont les élèves les plus défavorisés (dernier quartile de l'indice du milieu socio-économique) d'un pays qui se classent dans le groupe d'élèves qui obtiennent les meilleures performances.

3. Source : *L'état de l'École 2014* – [Résultats], DEPP.
http://cache.media.education.gouv.fr/file/etat24/28/6/DEPP_EE_2014_reussite_baccalaureat_358286.pdf

4. Les sections d'enseignement général et professionnel adapté accueillent au collège les élèves présentant des difficultés d'apprentissage d[illegible]ables et qui ne maîtrisent pas les compétences attendues en fin [illegible]primaire.

5. Source : Observatoire de la jeunesse et des politiques de jeunesse.

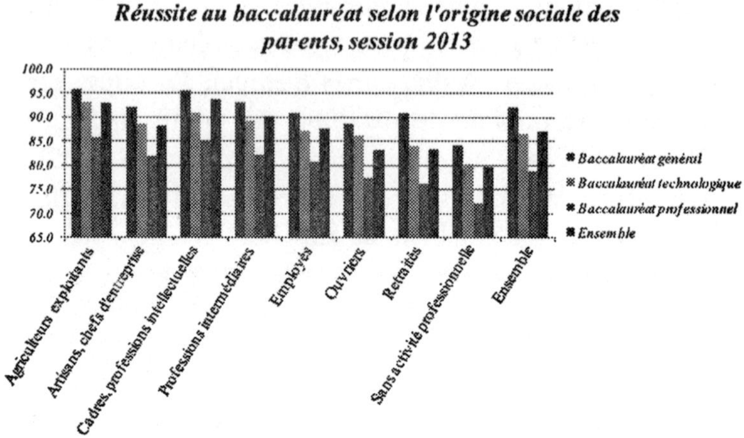

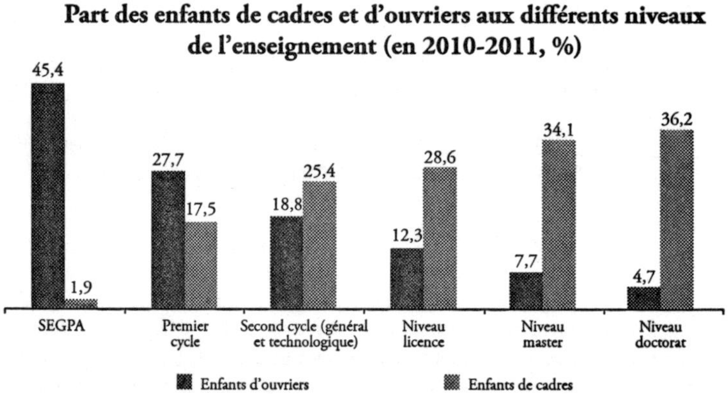

Les enfants de catégories sociales défavorisées ont plus difficilement accès aux formations supérieures. Ils rencontrent non seulement des difficultés dans l'accès à l'information sur les filières qui pourraient s'offrir à eux, mais aussi pour se faire assister et conseiller dans leur orientation. Ainsi, les élèves issus des classes sociales modestes peuvent s'autocensurer et ne sont pas toujours poussés à poursuivre le cursus au sein de filières plus sélectives ou plus valorisées alors même qu'ils en auraient la capacité.

2. Des difficultés similaires sont observées chez les élèves dont les parents sont issus de l'immigration

Les élèves issus de l'immigration sont davantage susceptibles de compter parmi les élèves peu performants (2,3 fois plus en France contre 1,7 fois en moyenne dans l'OCDE). Ainsi, la proportion de ces élèves obtenant un faible score en mathématiques, selon l'enquête PISA, était de 43 % en 2012, contre 22 % toutes catégories sociales confondues en France. De plus, l'écart de performance en mathématiques entre élèves issus de l'immigration et leurs camarades a augmenté de 24 points en France entre 2003 et 2012, alors que cet écart a diminué de 11 points, en moyenne, parmi les 29 pays disposant de données comparables au cours de cette même période[1].

1. À noter que PISA détaille les résultats des élèves de parents issus de la première et de la seconde génération d'immigrés. La performance

Y compris après prise en compte du milieu socio-économique, les élèves issus de l'immigration obtiennent des scores en mathématiques inférieurs de 37 points à ceux des autres élèves (contre un écart de 21 points en moyenne dans l'OCDE).

---

en mathématiques s'améliore de 23 points en France (contre 10 points, en moyenne, dans les pays de l'OCDE) si l'on compare les performances des élèves immigrés issus de la première et de la seconde génération.

Annexe 5 :
La notation des élèves

Un rapport de l'Inspection générale de l'Éducation nationale[1] a souligné le fait que la notation chiffrée des élèves ne pose problème ni au sein des écoles – qui l'ont pour la plupart abandonnée – ni dans les collèges, où professeurs, parents et élèves s'en disent satisfaits.

I. À l'école primaire, la notation a été largement abandonnée, au moins dans les petites classes

L'école primaire recourt majoritairement aujourd'hui aux appréciations littérales ou à la validation de type « acquis », « en cours d'acquisition », « non acquis », voire à la validation binaire « oui / non » pour rendre

1. IGEN, *La notation et l'évaluation des élèves éclairées par des comparaisons internationales*, rapport 2013-072, juillet 2013.

compte des acquis des élèves. La notation chiffrée arrive en troisième position des méthodes les plus utilisées.

Les notes apparaissent au niveau du CE2, puis deviennent régulières au CM1 et au CM2, leur utilisation étant justifiée par le souci de préparer les élèves au collège.

Ces données invalident « l'image traditionnellement transmise d'une école française qui se distinguerait radicalement des écoles européennes, particulièrement des écoles du nord de l'Europe, en instaurant trop précocement une évaluation chiffrée mettant les élèves très tôt en concurrence.[1] »

L'abandon de la notation à l'école primaire est le fruit d'une politique volontariste menée depuis 1969 puis singulièrement depuis 2005. Une circulaire du 6 janvier 1969 relative aux compositions, notes et classements pour les premier et second degrés, supprime les compositions (contrôle sommatif et final), les remplace par des exercices de contrôle plus réguliers (contrôle continu) et substitue à la notation chiffrée de 0 à 20 une échelle d'appréciation à cinq niveaux (de A à E ou de 1 à 5). La loi de juillet 1989 organise l'école en cycles à l'école maternelle et élémentaire. Enfin, la loi du 23 avril 2005 introduit la notion de socle commun de compétences et de connaissances[2], consacrant la notion de compétence acquise/non acquise.

---

1. Rapport IGEN.

2. Le « socle commun de connaissances et de compétences » présente ce que tout élève doit savoir et maîtriser à la fin de la scolarité obligatoire. Introduit dans la loi en 2005, il rassemble l'ensemble des

Le système d'évaluation à l'école primaire manque toutefois d'homogénéité : le système retenu pour évaluer les élèves varie d'une école à l'autre, mais aussi, au sein même des écoles, d'une classe à l'autre ou d'un niveau à l'autre.

Les arguments des enseignants – qui défendent leur liberté pédagogique – en faveur de la notation chiffrée sont les suivants :

— le système de notation en chiffres « est attendu par les parents, qui le connaissent et savent l'interpréter » ;

— la rigueur et la précision (avec une note, on apprécie plus objectivement et plus finement le niveau de performance de l'élève), la justesse (la dispersion des notes rend mieux compte de la variété des niveaux des élèves) et l'exigence (la note chiffrée pose plus clairement l'objectif de parvenir à un bon niveau de performance).

Inversement, en faveur de l'abandon de la notation chiffrée, les enseignants insistent sur la nécessité d'une plus grande « bienveillance » à l'égard de l'élève :

— certains pédagogues justifient l'abandon de la notation par son caractère « stressant » et son influence sur la psychologie de l'enfant en échec scolaire. Les

---

connaissances, compétences, valeurs et attitudes nécessaires pour réussir sa scolarité, sa vie d'individu et de futur citoyen. Un livret personnel de compétences permet de suivre la progression de l'élève. Depuis 2011, la maîtrise du socle est nécessaire pour obtenir le diplôme national du brevet (DNB). La loi d'orientation et de programmation pour la refondation de l'École de la République du 8 juillet 2013 prévoit une évolution et une redéfinition du socle commun désormais intitulé « socle commun de connaissances, de compétences et de culture ».

systèmes sans notation auraient pour effet positif de participer à la construction d'une école plus « bienveillante » qui préserve l'enfant de la compétition et ne fige pas ses performances précocement ;

— la notation chiffrée est « subjective » : les travaux de docimologie ont démontré l'importance du « notateur » dans la notation. En effet, entre deux notateurs, les écarts de notation peuvent aller jusqu'à représenter 9 points sur 20 (expérience menée en 1930 par Laugier et réitérée depuis avec davantage de notateurs et pour différentes disciplines) ;

— introduire un changement dans la façon d'enseigner : l'évaluation non chiffrée participe de la pédagogie de la réussite, du contrat entre l'élève et le professeur. La notion de « compétences » est aussi avancée pour justifier l'abandon des notes ;

— la notation chiffrée serait adaptée à des apprentissages simples, liés à des automatismes, alors que l'école doit permettre aux élèves de maîtriser des compétences complexes dont l'évaluation ne peut se réduire à une note ;

— enfin, l'abandon de la notation est justifié par la cohérence globale du dispositif d'évaluation : dans la mesure où les livrets scolaires et les livrets de compétences ne recourent pas à la notation chiffrée, celle-ci n'aurait pas sa place dans l'évaluation au quotidien.

De leur côté, les parents font majoritairement confiance aux enseignants sur le système de notation adopté. C'est particulièrement vrai pour les parents des quartiers les plus défavorisés. Les parents des milieux favorisés ont une position plus nuancée : sensibles aux risques de dévalorisation des enfants, ils sont favorables à la notation chiffrée. Enfin, les élèves ont une appréciation identique à celle des parents, à savoir l'acceptation du système proposé par l'enseignant, que celui-ci soit composé de notes chiffrées ou non. La notation chiffrée est reconnue par les élèves comme un bon moyen de se situer les uns par rapports aux autres, mais ceux-ci valorisent aussi les appréciations « écrites » : les notes donneraient le niveau, les appréciations analyseraient les réussites et les obstacles.

II. Au collège, la note chiffrée est ultra-majoritaire

Au collège, la démarche de « classe sans note » relève de l'expérimentation pédagogique permise par la loi du 23 avril 2005. Il existerait actuellement 2 000 expériences de ce type dans les collèges et les lycées. Il s'agit d'initiatives individuelles de professeurs ou de chefs d'établissements, qui y voient un moyen de remédier à la grande difficulté scolaire et à l'inefficacité de la notation pour aider l'élève à progresser.

Les éléments positifs de ces expériences proviennent de fait de l'implication particulière des enseignants et de l'impact de l'expérimentation sur leurs pratiques pédagogiques : une réflexion en amont sur l'évaluation, un processus où l'accompagnement du travail des élèves devient premier, l'explicitation des critères d'évaluation (ce qui implique de les avoir formalisés en amont au sein des équipes), mais aussi une part accrue donnée aux échanges dans une double logique – développer la confiance et permettre le droit à l'erreur comme facteur de progrès.

Les résultats des expériences sont plutôt encourageants :

— les élèves interrogés dans le cadre de ces expériences ont tous été capables de se situer dans un système non chiffré ;

— ils déclarent dans leur grande majorité que cette expérience a pour effet de réduire la pression de la note et le « stress » quotidien ;

— ils reconnaissent par exemple qu'un « non acquis » est bien moins « cassant » qu'un 6/20, même s'ils sont tout à fait capables d'établir une équivalence entre les deux ;

— l'ambiance de classe est meilleure, la compétition est réduite ;

— dans les classes qui évoluent depuis plusieurs années dans ce système, on remarque même un net développement de l'entraide ;

— l'abandon de la note chiffrée favorise chez les élèves la prise d'initiative et la confiance, notamment dans les exercices oraux, compétences pour lesquelles on sait les élèves français beaucoup moins à l'aise que leurs camarades d'autres pays de l'OCDE.

Mais il est aujourd'hui difficile de dire si ces pratiques sont généralisables tant elles dépendent de l'investissement particulier des équipes éducatives. En outre, elles présentent le risque de laisser se développer un système double : la notation chiffrée dans les établissements favorisés et un système sans note réservé aux établissements qui concentrent les difficultés.

Globalement, les enseignants des collèges et, à plus forte raison, ceux des lycées estiment « avoir besoin » de la notation chiffrée pour à la fois « motiver » leurs élèves et les « tenir ».

Enfin, l'examen des pays à forte réussite scolaire montre que le sujet ne peut être tranché par la comparaison internationale.

Seul constat général, il apparait que dans la plupart des pays occidentaux (Europe et Quebec), la notation intervient tardivement, ne passe pas forcément par un chiffrage précis et se fait plus souvent sur une échelle plus réduite que l'échelle française de 0 à 20 (par exemple, 4, 6 ou 7 niveaux).

Il n'existe pas de système d'évaluation idéal. L'adaptation des modalités d'appréciation à la classe, à l'élève, voire à l'établissement, semble la réponse la plus efficace, dès lors que les critères d'évaluation sont connus des élèves et des parents. Aussi, en ce domaine, la liberté laissée aux enseignants ou à l'établissement dans l'appréciation des travaux des élèves semble-t-elle largement préférable à l'imposition d'un modèle unique.

Annexe 6 : L'adresse aux enseignants « Dialoguer, comprendre, agir ensemble »

L'éducation est un enjeu capital pour notre pays. Transmettre les connaissances et les compétences fondamentales, former le jugement et développer la raison critique, assurer l'égalité des chances et la réussite de tous les talents, préparer à un métier. Une telle ambition est nécessaire pour la cohésion sociale et le développement de l'intelligence collective dans une économie ouverte sur le monde. Elle explique que l'école soit au cœur de toutes les attentes et de toutes les critiques.

Les attentes sont légitimes mais souvent excessives : l'école ne saurait régler tous les problèmes d'une société en crise. Les tragiques évènements que la France vient de traverser révèlent à quel point elle est toujours sollicitée en urgence pour répondre à des exigences trop longtemps négligées. Les critiques sont souvent fondées mais elles sont parfois injustes et perçues comme telles par des enseignants confrontés à de multiples difficultés et trop souvent à la violence. Beaucoup d'initiatives remarquables se déploient grâce à des chefs d'établissement et à des enseignants très motivés et désireux de porter le plus grand nombre de leurs élèves à la réussite comme la loi sur l'école le prescrit.

Ma conviction est que notre système éducatif a de nombreux atouts qu'il faut valoriser mais qu'il a aussi de graves faiblesses qu'il faut entreprendre d'urgence de corriger.

Tout ne va pas si mal dans notre système éducatif. Notre école dispose de nombreuses forces qui ne sont pas toujours mises en avant et sur lesquelles il faut s'appuyer : un excellent maillage territorial, la diversité de ses formations, l'investissement des enseignants. L'Éducation nationale a permis en quelques décennies de donner aux jeunes Français un accès massif à l'éducation primaire et secondaire comme aux études supérieures. À l'initiative des enseignants, la salle de classe d'aujourd'hui est bien différente de celle d'hier : les méthodes comme les contenus des enseignements évoluent, le travail en équipe se développe, les nouvelles technologies offrent de réelles et prometteuses possibilités de changement.

Quant aux faiblesses, elles sont bien identifiées. Les performances de l'école, telles qu'elles sont mesurées par les enquêtes PISA, se dégradent continûment ; trop d'élèves décrochent faute de maîtriser les savoirs fondamentaux ; les inégalités se creusent, l'école n'est plus facteur d'égalité des chances. Le métier d'enseignant devient si difficile qu'il attire moins. Trop d'élèves quittent le système éducatif sans diplôme et sans qualification. Nombreux sont aussi ceux qui disent ne pas aimer l'école ou qui perdent confiance en eux. C'est le cri du cœur de ce professeur d'histoire à ses élèves de seconde dans le film *Les Héritiers* : « j'ai beaucoup plus confiance en vous que vous n'avez confiance en vous-mêmes » !

Ces faiblesses constituent un défi que nous devons ensemble relever.

Je crois profondément que l'école est lasse de subir des réformes annoncées par des ministres qui se succèdent à un rythme déraisonnable et quittent leurs fonctions sans avoir pu commencer à les mettre en œuvre. L'empilement des prescriptions fige le modèle au lieu de le faire évoluer. Les injonctions simplificatrices et souvent contradictoires ont épuisé la profession, désorienté les parents, découragé tout le monde.

Mon objectif n'est donc pas de préparer je ne sais quel grand soir de l'éducation ou de proposer une énième réforme mais d'engager avec tous les acteurs l'adaptation de notre système aux enjeux si difficiles du temps présent. Or, je crois qu'on ne peut engager les changements qui s'imposent sans s'appuyer sur les forces qui permettront de les mener à bien. Rien ne sera possible tant que la confiance de tous ne sera pas retrouvée.

C'est dans cet esprit que je m'adresse d'abord aux enseignants. Sans eux rien ne sera possible. J'ai pu mesurer dans la ville dont je suis le maire et au cours de mes déplacements leur motivation mais aussi souvent leur profond désarroi. Il est temps de valoriser les expertises professionnelles qui se déploient sur le terrain, dans les classes, auprès des élèves, et dans les équipes pédagogiques et les établissements pour adapter l'enseignement à l'extrême diversité des situations et accompagner les plus fragiles. L'enseignant doit être celle ou celui que l'on respecte, admire et reconnaît pour ses connaissances, son travail et son investissement. En ce sens, la question du niveau et des critères de rémunération des enseignants est posée, et doit être abordée sans démagogie mais sans faux-semblants, pour nous rapprocher des nombreux pays développés qui ont fait de l'éducation une priorité.

Tout au long de cette année, je souhaite aller à la rencontre des acteurs de l'Éducation nationale. Enseignants, chefs d'établissements, personnels administratifs, tous ont des choses à dire, des idées à formuler, des propositions à faire. Je rencontrerai aussi les parents pour connaître leurs attentes et mieux identifier avec eux ce qui est du ressort de l'école et ce qui leur revient en propre.

Ces rencontres seront précieuses pour me permettre d'apprécier au mieux ce qui va et ce qui ne va pas, de découvrir de nouvelles pratiques et des modèles à diffuser. Parallèlement à ces rencontres, je souhaite élargir cet échange. C'est pourquoi ceux qui le désireront pourront faire part de leurs constats et suggestions concrètes en répondant à une consultation qui sera organisée sur mon site au cours des prochains mois et abordera les thèmes les plus importants de changement. Je pense notamment aux questions suivantes pour engager le débat :

– comment organiser l'école du socle commun, assurer la maîtrise des savoirs fondamentaux pour tous les élèves, réinstaurer l'égalité des chances ?

– quelle liberté dans la gestion des moyens donnée aux chefs d'établissements et aux équipes pédagogiques pour adapter l'enseignement aux besoins des élèves ?

– comment mieux préparer les enseignants aux conditions d'exercice d'un métier qui a si profondément changé ?

– quelles possibilités de formation continue leur donner pour leur permettre d'exercer de nouvelles tâches éducatives ou d'exercer dans d'autres secteurs d'activité à l'instar de ce qui est proposé aux autres salariés ?

– comment remédier à la marginalisation de certains établissements et garantir la mixité pour réduire les inégalités territoriales ?

Annexe 7 :
L'adresse aux parents
« À vous, parents d'élèves »

Vous le savez, j'ai fait de la réforme de l'école l'un des enjeux majeurs, à vrai dire le premier à mes yeux, sur lesquels je souhaite faire porter le débat, dans la perspective de l'élaboration de mon projet pour la France. C'est pourquoi dans le cadre d'une large consultation, je m'adresse à vous, parents, confrontés à la tâche délicate d'éduquer dans le monde qui est le nôtre.

Nous souhaitons en effet que nos enfants puissent, dès le plus jeune âge, voir s'épanouir leurs qualités, apprendre à devenir autonomes et à vivre en groupe ; découvrir le bonheur d'apprendre ; maîtriser ce qui est essentiel pour juger et trouver le meilleur apprentissage pour leur vie professionnelle.

C'est l'éducation qui prépare chacun à la vie en société, nous dote du socle de valeurs qui fondent la communauté nationale et permet l'exercice de la citoyenneté. La France comme tous les pays déjà prospères, ou en voie de développement rapide, doit donc mettre aujourd'hui l'éducation au centre de ses priorités. Elle garantit en effet la capacité à répondre à des enjeux qui demanderont demain intelligence, culture et compétences. Elle constitue un facteur de croissance économique à long terme et un moteur de la compétitivité des nations.

L'éducation est devenue un phénomène complexe. Elle semble plus ardue dans le monde d'aujourd'hui où la crise, la violence et ses images, les addictions, la rapidité des transformations de la famille, la diffusion extrêmement large de messages divers – et parfois dangereux – sur les réseaux sociaux font naître toutes sortes de craintes, de sentiments de perte de maîtrise et un souci constant pour l'avenir de nos enfants. Inconnues il y a trente ans, les nouvelles technologies sont devenues de puissants canaux de diffusion de contenus et donnent en permanence accès à des ressources illimitées. De nouveaux modèles, nés de la circulation des images et de la culture, conditionnent l'expérience de nos enfants. L'attention elle-même, et la façon d'apprendre, s'en trouvent modifiées.

En dépit de ces évolutions, l'école reste l'institution essentielle de l'éducation. C'est pourquoi notre système éducatif est au cœur de toutes les attentes et de toutes les critiques. Il a permis en quelques décennies de donner aux jeunes Français un accès massif à l'éducation primaire et secondaire comme aux études supérieures. La France a réussi, au moment où cela était indispensable, une réelle démocratisation de l'accès à l'enseignement. Mais aujourd'hui, une adaptation profonde de notre système éducatif, fondée sur le dialogue, s'impose pour que l'école renoue avec l'égalité des chances et la réussite pour tous.

J'aimerais à travers la présente consultation en ligne recueillir vos expériences, vos attentes et vos idées sur ce vaste sujet. J'ai la conviction que, dans l'intérêt des enfants, on ne peut agir sans le concours de tous, sans un dialogue entre parents et enseignants et sans une réflexion large sur la place de l'éducation dans notre société.

CET OUVRAGE A ÉTÉ COMPOSÉ PAR PCA
POUR LE COMPTE DES ÉDITIONS J.-C. LATTÈS
17, RUE JACOB – 75006 PARIS
ET ACHEVÉ D'IMPRIMER EN FRANCE
PAR CPI BRODARD ET TAUPIN
À LA FLÈCHE (72)
EN AOÛT 2015

www.versunnouveaumonde.fr

PAPIER À BASE DE FIBRES CERTIFIÉES

JC Lattès s'engage pour l'environnement en réduisant l'empreinte carbone de ses livres. Celle de cet exemplaire est de :
800 g éq. CO_2
Rendez-vous sur www.jclattes-durable.fr

N° d'édition : 01. – N° d'impression : 3012167
Dépôt légal : septembre 2015
Imprimé en France